Impressum

TDR Transfer-Dokumentation-Report
Hrsg.: Steinbeis Competence Center
Beck, Simon; Vochezer, Renate
Wissenschaftliches Arbeiten und Studienmethodik
1. Auflage 2007
Stuttgart/Berlin
ISBN 978-3-938062-56-2

Satz und Gestaltung: Steinbeis-Edition
Druck: Straub Druck+Medien AG, Schramberg

122420-10-07

Simon Beck
Renate Vochezer

Steinbeis Competence Center (Hrsg.)

Wissenschaftliches Arbeiten und Studienmethodik

SteinbeisBBA
Transfer-Dokumentation-Report

Renate Vochezer (geb. 1963) ist selbständige Unternehmensberaterin und Dozentin an verschiedenen Hochschulen und Bildungsreinrichtungen mit den Schwerpunkten Betriebswirtschaft und Wissenschaftliches Arbeiten.
Sie studierte von 1991 bis 1995 Betriebswirtschaft an der Hochschule für Betriebswirtschaft und Umwelt Nürtingen und war bis 2003 im Hochschulbereich tätig, zuletzt an der Zeppelin University Friedrichshafen als Prokuristin. 2004 machte sie sich selbständig und gründete 2006 die Beratungsagentur TRILOGO, welche sich auf Unternehmens- und Persönlichkeitsentwicklung spezialisiert hat.

Dr. oec. Simon Beck (geb. 1963) ist Managementtrainer, Coach und Seniorberater im Bereich Inhouse an der Akademie für Führungskräfte der Wirtschaft in Überlingen mit den Schwerpunkten Strategische Führungskräfteentwicklung, Kompetenz- und Skillmanagement, systemische Beratung in Organisationsentwicklungsprozessen und systemisches Coaching.
Er studierte Betriebswirtschaft und Wirtschaftspädagogik und war zuvor als Personalentwicklungsreferent und Trainer in der Industrie tätig. Simon Beck lehrt an der Steinbeis-Hochschule Berlin und bei weiteren Bildungsträgern im Bereich der Managementausbildung.

Inhaltsverzeichnis

Wissen (vermitteln) alleine genügt nicht

Steinbeis ist und war von je her dem konkreten Transfer von Technologien und Wissen verpflichtet. Konkret bedeutet das v. a. auch die nutzenorientierte Anwendung von geschaffenem Wissen. Die Wissensvermittlung und das Wissen selbst sind notwendige, lange aber noch nicht hinreichende Bedingung für einen erfolgreichen Transfer.

Bei der Entwicklung des Konzepts des PKS (Projekt-Kompetenz-Studium) haben wir darauf geachtet, dass nicht nur die Aneignung, sondern insbesondere auch die Anwendung von vermitteltem Wissen systembedingt gegeben ist. Daher steht das von uns transferorientiert betreute und in einem Unternehmen (bzw. einer Organisation) durchgeführte Projekt im Mittelpunkt jedes SHB-Studiums.

Erste Erfahrungen im Bachelor-Studiengang haben gezeigt, dass reine stoffanbietende Lehrbriefe im PKS weniger geeignet sind. Wir entwickelten daher das Konzept der TDR (Transfer-Dokumentation-Report). Im Mittelpunkt der TDR steht konsequenterweise der praktische Transfer von bereits dokumentiertem (theoretischem) Wissen in die Praxis, d. h. in das Projekt und somit das Unternehmen. Die eigene Reflexion über sowie die Relevanz theoretischer Fundierung für das Projekt bzw. das Unternehmen wird im Report dokumentiert. Wird die gesamte Theorie notwendigerweise und klassisch in den Prüfungen abgefragt, stellt der Report für den Studenten und dessen Betreuer eine praxisorientierte Prüfung des Transfers dar.

Ich wünsche Ihnen (und auch uns), dass Sie durch die TDR relevantes Wissen für Ihren persönlichen Erfolg und den Ihres Unternehmens, noch besser, nutzenorientiert anwenden können.

Prof. Dr. Dr. h. c. mult. Johann Löhn
Präsident Steinbeis-Hochschule Berlin
Regierungsbeauftragter für Technologietransfer
Baden-Württemberg

Notizen

Abbildungsverzeichnis

Tabellenverzeichnis

Abbkürzungsverzeichnis

Notizen

Aufl.	Auflage
BBA	Bachelor of Business Administration
BWL	Betriebswirtschaftslehre
bzw.	beziehungsweise
ca.	circa
d. h.	das heißt
ebd.	ebenda
EDV	Elektronische Datenverarbeitung
ect.	Et cetera (und so weiter)
evtl.	eventuell
f./ff.	folgende/fortfolgende (Seiten)
G + V	Gewinn- und Verlustrechnung
ggf.	gegebenenfalls
Hrsg.	Herausgeber
hrsg.	herausgegeben
i. d. R.	in der Regel
incl.	inclusive
KonTrag	Gesetz zur Kontrolle und Transparenz im Unternehmensbereich
LV	Lösungsvariante
mind.	mindestens
o. ä.	oder ähnliches
o. g.	oben genannte (r)
o. S.	ohne Seite
o. V.	ohne Verfasser
s.	siehe
s. o.	siehe oben
s. u.	siehe unten
SHB	Steinbeis-Hochschule Berlin
SQR3	Lesemethode in 5 Stufen: Survey, Question, Read, Recite, Review
TDR	Transfer-Dokumentation-Report
u. a.	unter anderem
u. ä.	und ähnliches
UrhG	Urhebergesetz
usw.	und so weiter
vgl.	vergleiche
z. B.	zum Beispiel

Notizen

1 Einführung in das Wissenschaftliche Arbeiten

Notizen

Ein Studium stellt im Gegensatz zur schulischen Ausbildung neue Anforderungen an Sie. Sie werden mit wissenschaftlichen Denkansätzen konfrontiert, Sie werden sich den Lernstoff eigenständig durch die Bearbeitung des Transfer-Dokumentation-Reports (TDR) aneignen und in den Präsenzveranstaltungen vertiefen und Sie werden durch fortführendes Literaturstudium (Fachbücher, Fachzeitschriften etc.) Ihr Wissen erweitern. Gleichzeitig werden Sie selbst wissenschaftliche Arbeiten erstellen, die bestimmte Kriterien erfüllen müssen.

1.1 Ziel des Transfer-Dokumentation-Reports

Der TDR „Wissenschaftliches Arbeiten und Studienmethodik" soll Ihnen den Einstieg in das wissenschaftliche Arbeiten erleichtern und eine Hilfe für das gesamte Studium sein. Er enthält Themen, die ein Studium allgemein betreffen aber auch spezielle Kapitel, die auf Ihre persönliche Situation des berufsintegrierten Studiums ausgerichtet sind. In diesem TDR erhalten Sie im **ersten Kapitel** eine Einführung in das wissenschaftliche Arbeiten und Sie werden die wissenschaftlichen Denkansätze kennenlernen.

Das **zweite Kapitel** stellt eine Lernhilfe dar. Mit Hilfe lernpsychologischer Grundlagen wollen wir Ihnen das Lernen erleichtern, Ihre Lernmotivation fördern und spezielle Techniken für das Selbststudium vorstellen.

Kein Studium ohne Prüfungen. Diese stellen für viele Studierende eine besondere Herausforderung dar, insbesondere dann, wenn die letzten Prüfungen bereits lange zurückliegen. Im **dritten Kapitel** zeigen wir Ihnen, wie Sie sich optimal auf eine Prüfung vorbereiten können und wie Sie eine Prüfung gut bewältigen.

Das **vierte Kapitel** befasst sich intensiv mit der Erstellung von wissenschaftlichen Arbeiten. Sie lernen wie Sie Themen suchen und analysieren, wie eine Gliederung aufgebaut wird, mit welchen wissenschaftlichen Ansätzen der Inhalt gestaltet werden kann, was bei der Integration von empirischen Studien zu beachten ist, wie Sie fremde Quellen zitieren und welche formellen Regularien einzuhalten sind. Dieser TDR ist so aufgebaut, dass er in Bezug auf die formellen Anforderungen auch als Muster dient.

Der TDR schließt im **fünften Kapitel** mit dem Thema Selbstmanagement ab. Die Inhalte zielen vor allem auf Ihr Studium ab, wobei Sie diese Methoden durchaus auf Ihre berufliche und private Situation übertragen können. Die Selbstkontrollaufgaben mit Musterlösung finden Sie zusammengefasst am Ende des TDR.

Notizen

1.2 Begriffsdefinition Wissenschaftliches Arbeiten

Die Erstellung einer wissenschaftlichen Arbeit hat zum Ziel, eine Prüfungsleistung zu bestehen oder einen akademischen Grad zu erwerben. Um dieses Ziel zu erreichen, bedarf es der Anwendung bestimmter Regeln, die die Wissenschaftlichkeit des Werkes sicherstellen sollen. Der Verfasser soll aufzeigen, wie er sich das Wissen verschafft hat, dass er die Forschungslage kennt und diese verarbeitet hat.[1]

Wissenschaftliches Arbeiten bedeutet demzufolge die Auseinandersetzung mit einem Thema

- nach bestimmten formalen Regeln
- unter nachvollziehbaren Bedingungen
- mit dem Ergebnis eines Kenntniszuwachses

sowie der systematischen Darstellung eigener Gedanken

- auf der Grundlage wissenschaftlicher Erkenntnisse
- in Auseinandersetzung mit den wissenschaftlichen Auffassungen anderer.

Jede Wissenschaftsdisziplin befasst sich dabei mit einem abgegrenzten Gegenstandsbereich, welcher auch als Erkenntnisobjekt einer Wissenschaft bezeichnet wird. So ist z. B. das **Erkenntnisobjekt** aller wirtschaftswissenschaftlichen Teildisziplinen die Wirtschaft. Die Betriebswirtschaftslehre (BWL) als Teildisziplin bezieht ihre Erkenntnisse aus der wirtschaftlichen Seite von Betrieben bzw. Unternehmen. Diese werden daher als **Erfahrungsobjekt** (Gegenstand der Erfahrung) der BWL bezeichnet. Somit zählt die Erklärung ökonomischer betrieblicher Zusammenhänge zu einem Erkenntnisziel dieser Wissenschaftsdisziplin.[2]

Die Wissenschaftsziele lassen sich unterscheiden in:

- kognitive Ziele: Erklärung und Theoriebildung
- deskriptive Ziele: Beschreibung
- pragmatische Ziele: Anwendungsorientierung.[3]

Die Anwendung von wissenschaftlichen Methoden in Ihrem Studium erfolgt

- beim Wissenserwerb (z. B. bei der Analyse des Inhalts eines TDR)
- bei der Anwendung des erlernten Wissens (z. B. in Ihrem Beruf)
- bei der Dokumentation des Wissens (in Prüfungen, wissenschaftlichen Arbeiten etc.).

---

1 Vgl. Bünting, K, Bitterlich, A.; Pospiech, U.: Schreiben im Studium mit Erfolg, 3. Aufl., Berlin 2002, S. 12 f.

2 Vgl. Köder, K. W.: Studienmethodik – Selbstmanagement für Studienanfänger, 2. Aufl., München 1994, S. 175

3 Vgl. Schneck, O.: Lexikon der Betriebswirtschaft, 5. Aufl., München 2003, S. 1083 f.

Notizen

Für die Erkenntnisgewinnung ist eine gewisse methodische Vorgehensweise erforderlich. Die Methoden bzw. Denkansätze, die im folgenden Kapitel vorgestellt werden, können für die wissenschaftliche Auseinandersetzung mit einem Thema individuell ausgewählt bzw. verknüpft werden.[4]

1.3 Wissenschaftliche Denkansätze

Die Hauptdenkansätze, auch Denk- und Problemlösungsmethoden genannt, setzen sich aus den in nachfolgender Abbildung enthaltenen Komponenten zusammen. Diese können für jede Art von wissenschaftlicher Auseinandersetzung individuell eingesetzt und kombiniert werden.

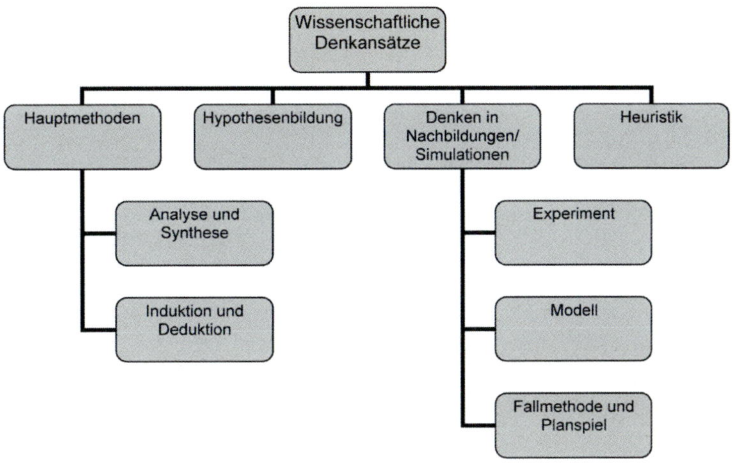

Abb. 1: Wissenschaftliche Denkmethoden im Überblick[5]

Sie werden bei der Lektüre nachfolgender Kapitel feststellen, dass Sie diese Modelle in der Vergangenheit bereits häufig angewendet haben, vermutlich ohne dass Sie sich deren wissenschaftlichen Bedeutung bewusst waren.

1.3.1 Analyse und Synthese

Analyse und Synthese sind zwei einander entgegen gerichtete Denkverfahren. Als **Analyse** wird hierbei die gedankliche Trennung/Aufspaltung/Zergliederung des Untersuchungsgegenstandes in seine Einzelelemente, Eigenschaften und Teilbereiche verstanden. Beispiel Bilanzanalyse: Die Bilanz wird in seine Einzelteile (G+V, eigentliche Bilanz, Lagebericht) aufgeteilt und die einzelnen Zahlen bzw. die daraus ermittelten Kennzahlen werden bewertet.

---

4 Vgl. Köder, K. W.: Studienmethodik – Selbstmangement für Studienanfänger, 2. Aufl., München 1994, S. 176

5 Vgl. ebd.

Notizen

Die Synthese stellt das Gegenstück zur Analyse dar. Einzelne Aussagen zu einem Erkenntnisobjekt werden verknüpft und zu einem Ganzen neu zusammengefügt. Beispiel: Einzelne (Abteilungs- oder Bereichs-) Pläne eines Unternehmens werden zu einem Gesamtunternehmensplan zusammengefügt.

Diese beiden Denkansätze stellen trotz ihrer Gegensätzlichkeit ein unzertrennlich Ganzes dar, was sich sehr gut am Studienprozess demonstrieren lässt. In Ihren Vorlesungen werden Sie bestimmte Sachverhalte (z. B. Organisation) gedanklich in seine Einzelelemente (z. B. Aufbau-, Ablauforganisation etc.) aufspalten. Gleichzeitig werden Sie diese Einzelelemente auf Ihre berufliche Situation anwenden und daraus ergibt sich eine neue Gesamtheit des Erkenntnisobjektes (die individuelle Ausgestaltung der Organisation in Ihrem Unternehmen).[6]

1.3.2 Induktion und Deduktion

Induktion und Deduktion wird auch als schlussfolgerndes Denken bzw. logisches Schließen bezeichnet. Diese Methode erlaubt uns Zusammenhänge zwischen Untersuchungsgegenständen herzustellen. Durch das schlussfolgernde Denken, zusammen mit der analytisch-synthetischen Denkrichtung gewinnen wir neue Erkenntnisse.

Bei der **Induktion** (Reduktion) wird von einem beobachteten Einzelfall auf ein allgemeines Gesetz geschlossen (vom Besonderen zum Allgemeinen, von der Wirkung auf die Ursache, vom Konkreten zum Abstrakten). Beispiel: Untersuchung der Funktionsweise und des Nutzens einer Businessplanungs-Software in einem konkreten Unternehmen und Übertragung der Ergebnisse auf die Allgemeinheit, d. h. auf den Einsatz von Businessplanungs-Software in anderen Unternehmen. In einer wissenschaftlichen Arbeit ist es besonders wichtig, dass der Autor die „Übertragungsfähigkeit" plausibel herausarbeitet, begründet und beweist. Die Argumente für die Übertragbarkeit (Schlussfolgerung) dürfen nicht spekulativ sein, sondern müssen auf fundierten Analyse- bzw. Untersuchungsergebnissen beruhen. Ein weiteres klassisches Beispiel für den induktiven Ansatz stellt die Hochrechnung einer Wahl dar. Auf Basis der Ergebnisauswertung bestimmter Wahlbezirke wird auf das Gesamtergebnis geschlossen.

Mit der **Deduktion** wird von einem allgemeinen Gesetz auf einen konkreten Einzelfall geschlossen (vom allgemeinen zum Besonderen, von der Ursache auf die Wirkung, vom Abstrakten zum Konkreten). Die Deduktion stellt somit

6 Vgl. Köder, K. W.: Studienmethodik – Selbstmangement für Studienanfänger, 2. Auflg., München 1994, S. 176.

Notizen

eine Argumentationskette dar, die zu einer „Daher-Schlussfolgerung“ führt. Beispiele:

- Menschen sind sterblich → Sokrates ist ein Mensch → deswegen ist Sokrates sterblich.
- Jedes Unternehmen, das diese drei Kriterien erfüllt, kann für einen Kauf in Betracht gezogen werden → Unternehmen A erfüllt diese drei Kriterien → Unternehmen A sollte gekauft werden.
- Eine Businessplanungs-Software eignet sich für alle Unternehmen, die bestimmte Voraussetzungen erfüllen → Unternehmen B erfüllt diese Voraussetzungen → für Unternehmen B eignet sich der Einsatz einer Businessplanungs-Software.

Es kann aber der Gegenbeweis erbracht werden, z. B. Unternehmen B im dritten Beispiel erfüllt die Voraussetzungen nicht und somit sollte dieses Unternehmen entweder die Voraussetzungen noch schaffen oder vom Einsatz einer Businessplanungs-Software absehen. Beide Fälle (trifft zu – trifft nicht zu) müssen entsprechend begründet werden. Analyse und Synthese, in Verbindung mit Reduktion und Deduktion lassen sich wie folgt vereinfacht darstellen.[7]

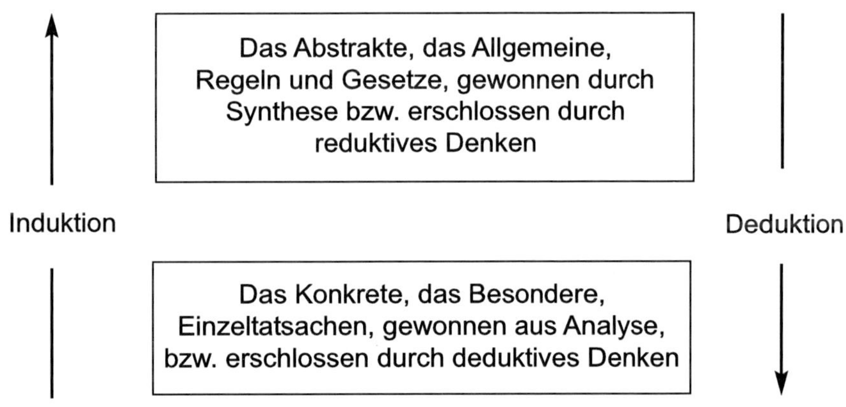

Abb. 2: Zusammenhang von Analyse, Synthese und Reduktion, Deduktion[8]

---

7 Vgl. Köder, K. W.: Studienmethodik – Selbstmangement für Studienanfänger, 2. Aufl., München 1994, S. 178; Minto, B.: Das Prinzip der Pyramide, München 2006, S. 73 ff.

8 Vgl. ebd.

Notizen

1.3.3 Hypothesenbildung

Das Wort Hypothese (griechisch) bedeutet „Unterstellung". Bei diesem Ansatz wird eine Behauptung oder eine Annahme aufgestellt. Ziel ist es, zu beweisen, dass diese Behauptung zutrifft (die Hypothese wird verifiziert) oder nicht zutrifft (die Hypothese wird falsifiziert). Die Prüfung der Hypothese kann durch Versuche, Beobachtungen und Befragungen etc. erfolgen. Eine Hypothese wird häufig als „Wenn-Dann-Aussage" formuliert, d. h. wenn eine bestimmte Bedingung zutrifft, dann könnte dies oder jenes eintreten. Um die Hypothese von der reinen Spekulation abzugrenzen, darf diese nicht auf Willkür beruhen, sondern es müssen bereits Theorien und Tatbestände vorliegen, welche eine Vermutung erlauben. Je mehr Fakten und Erkenntnisse gefunden werden, die mit den formulierten Annahmen übereinstimmen, desto gesicherter ist die Hypothese. Sie kann sich bis hin zu einem wissenschaftlichen Gesetz oder einer Theorie entwickeln.

Beispiel: Es wird die Behauptung (Hypothese) aufgestellt, dass eine Businessplanungs-Software sämtliche Planungsprobleme eines Unternehmens lösen kann. In der wissenschaftlichen Auseinandersetzung mit der Thematik muss nun der Beweis oder Gegenbeweis für diese Hypothese aufgezeigt werden. Die Ausführungen müssen den Beweis/Gegenbeweis schlüssig darlegen. Auch hier kann die Gesamtheit in Einzelelemente aufgespaltet werden, so dass sich Beweis und Gegenbeweis nicht auf die Gesamtheit, sondern auch auf Teilbereiche beziehen kann.[9]

Spezielle Formen der Hypothesenbildung sind die induktive bzw. deduktive Hypothesenbildung, die durch ein Beispiel verdeutlicht werden soll.

Induktive (reduktive) Hypothesenbildung: Ein kleines Kind sieht ein schwarzes Tier mit vier Beinen und fragt die Mutter „Was ist das?". Sie antwortet „Es ist eine Katze". Das Kind prägt sich ein: „Bei der Katze handelt es sich um ein schwarzes Wesen mit vier Beinen". Es bildet folgende Hypothese: „Alle schwarzen Wesen mit vier Beinen sind Katzen".

Deduktive Hypothesenbildung: Das Kind sieht ein weiteres Tier, das schwarz ist und vier Beine hat. Es überlegt:

- Alle schwarzen Wesen mit vier Beinen sind Katzen. (Vordersatz)
- Das Wesen vor mir ist schwarz und hat vier Beine (Mittelsatz)
- Das Wesen vor mir ist eine Katze (Schlusssatz).

---

9 Vgl. Köder, K. W.: Studienmethodik – Selbstmangement für Studienanfänger, 2. Aufl., München 1994, S. 179.

Notizen

Die Hypothese wird durch die Mutter falsifiziert, denn bei diesem zweiten schwarzen Wesen handelt es sich um einen Hund.

1.3.4 Das Experiment

Sicher erinnern Sie sich noch an die Experimente aus Ihrer Schulzeit z. B. in Chemie und Physik. Aufgabe dieser Art von Experimenten ist es, bereits Bekanntes anschaulich vorzuführen und zu demonstrieren. Allgemein sollen Experimente aufgetretene Probleme untersuchen, Behauptungen begründen oder widerlegen, Hypothesen bestätigen, die Wirksamkeit von Gesetzen überprüfen und deren Gültigkeit erhärten. Genaues Beobachten, Ordnen und Klassifizieren, stellen dabei wichtige Bausteine für die Erkenntnisgewinnung dar. Die wissenschaftliche Exaktheit in der Durchführung und die Nachvollziehbarkeit sind sehr wichtig und müssen auch bei der Integration von Experimenten in eine wissenschaftliche Arbeit plausibel dargestellt werden.
Experimente werden auch in der Soziologie, in der Pädagogik, Psychologie und in der Marktforschung eingesetzt. Beispiel: Bevor ein neues Produkt auf den Markt gebracht wird (z. B. Mobiltelefon) wird die Handhabung mit einer Testgruppe überprüft.

1.3.5 Modelle

Fast alle Wissenschaftsgebiete greifen auf Modelle zurück, wie z. B. mathematische Modelle, betriebswirtschaftliche oder technische Modelle. Modelle stellen reduzierte Nachbildungen der Wirklichkeit dar, deren Durchführung oder Darstellung am Original nicht möglich oder zu aufwändig ist. Die Modelle müssen hinsichtlich ihrer Funktion, ihrem Aufbau und ihrer Struktur sowie ihren Eigenschaften und Verhaltensähnlichkeiten dem zu untersuchenden Original möglichst genau entsprechen. Die sich aus der Modellbetrachtung ergebenden Ergebnisse und Strukturen lassen sich dann auf andere Objekte übertragen. Typische Modelle der Wirtschaftswissenschaften sind z. B. der Wirtschaftskreislauf oder das Modell des vollkommenen Marktes.[10]

1.3.6 Fallstudie und Planspiel

Fallstudien (oder Fallmethoden) stellen eine aktive Lernform dar, indem an einem konkreten Situationsbeispiel eine methodische Entscheidungsfindung erfolgen soll. Die Erarbeitung der Lösung bzw. die Entscheidungsfindung findet meist in einer Gruppe statt. Fallstudien zeichnen sich durch eine starke Sach- und Problembezogenheit aus. Die Lösung der Problemsituation erfolgt

---

10 Vgl. Köder, K. W.: Studienmethodik – Selbstmangement für Studienanfänger, 2. Aufl., München 1994, S. 180.

Notizen

nach einer bestimmten methodischen Schrittfolge, wie z. B. Sachverhalt analysieren, strukturieren, Problem definieren, Aufgliederung in Teilprobleme, Ursachen analysieren, Erarbeitung von Problemlösungsalternativen und die Entscheidung für den optimalen Lösungsweg. Die Entscheidungsfindung muss unter wissenschaftlichen Bedingungen erfolgen und verlangt analytisches und synthetisches Denken auf Basis fundierter Fachkenntnisse.
Das Planspiel ist eine Weiterentwicklung der Fallstudie, wobei als zusätzliches Element der dynamische Charakter des Spielens hinzukommt. Je nach Ausfertigung lassen sich mit diesen Planspielen viele wirtschaftliche Tatbestände, Abhängigkeiten und die Auswirkungen von Entscheidungen anschaulich darstellen.[11]

1.3.7 Heuristik

Heuristik bezeichnet das wissenschaftliche Bemühen um das Finden und Lösen eines Problems. Sie wird auch definiert als Lehre von den Suchmethoden nach Problemlösungswegen. Heuristiken unterscheiden sich von analytischen Verfahren dadurch, dass sie keine optimalen Lösungen, sondern nur Näherungslösungen bieten. Umgangssprachlich werden sie oft als „Faustregel" bezeichnet. Ein Beispiel für den heuristischen Ansatz sind die Finanzierungsregeln (z. B. Goldene Bilanzierungsregel), die lediglich auf Erfahrungswerten beruhen und zu annähernd optimalen Entscheidungen führen sollen.[12]

1.4 Der Weg der Problemlösung

Viele studentische Abschlussarbeiten haben zum Ziel, ein zentrales Problem in einem Unternehmen zu untersuchen und Lösungsvorschläge zu erarbeiten. Dieser pragmatische Ansatz basiert ebenfalls auf der Anwendung der in diesem Werk beschriebenen wissenschaftlichen Regeln. Der Problemlösungsansatz folgt idealerweise nach diesem Prozess:

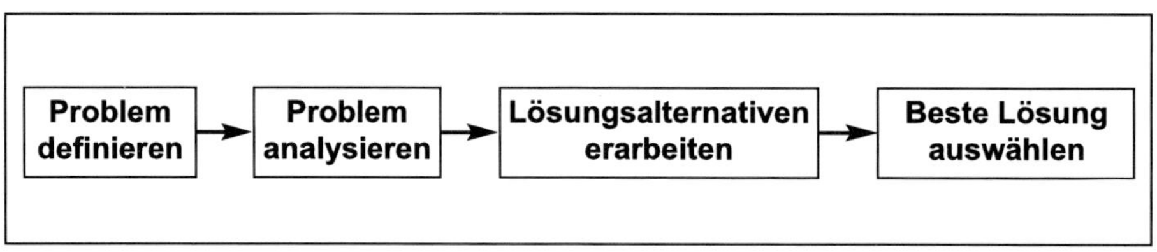

Abb. 3: Problemlösungsprozess

---

11 Vgl. Köder, K. W.: Studienmethodik – Selbstmangement für Studienanfänger, 2. Aufl., München 1994, S. 181

12 Vgl. ebd., S. 181 f.; Schneck, O.: Lexikon der Betriebwirtschaft, 5. Aufl., München 2003, S. 468

Notizen

1.4.1 Definition des Problems

Ein Problem wird als solches wahrgenommen, wenn eine Lücke zwischen der Realität und einem erwünschten Zustand klafft. Die Umstände, die zu dieser Lücke geführt haben, können ziemlich einfach sein, aber umgekehrt auch aus einer komplizierten Abhängigkeit von Ursache und Wirkung bestehen.

Die Problemsituation kann mit vier Elementen dargestellt werden:

Ausgangspunkt: Jedes Problem entsteht innerhalb eines bestimmten Rahmens von Raum und Zeit und besteht aus einer bestimmten Struktur oder einem Prozess. Beispiel: Unerwarteter Rückgang der Verkaufszahlen in bestimmten Märkten (Raum) seit drei Monaten (Zeit). Das Problem tangiert vor allem die Vertriebsabteilung (Struktur) und erfordert die Auseinandersetzung mit den Verkaufs- und Marketingaktivitäten (Prozesse).

Störfaktor: Interesse an der Struktur oder am Prozess entsteht deshalb, weil etwas die Funktionsart und –weise stört. Der Störfaktor ist das, was geschieht oder in der nahen Zukunft geschehen kann um den „Probleminhaber" (i. d. R. das Unternehmen) zu bedrohen oder in eine ernsthafte Existenzkrise bringen kann. Es gibt interne Störfaktoren (z. B. die Einführung eines neuen Computersystems funktioniert nicht wie geplant) und externe Störfaktoren (z. B. ein neuer Wettbewerber taucht auf).

Unerwünschtes Resultat: Das unerwünschte Resultat ist das Ergebnis des Störfaktors. Es kann sein, dass der Störfaktor die Existenz einer bisher unerkannten Chance aufdeckt, wahrscheinlicher ist jedoch, dass dieser

- sich auf die (Firmen)-Strukturen oder -Prozesse nachhaltig auswirkt.
- die Leistung eines bestimmten Bereichs stört.
- grundlegende Annahmen über bestimmte Gegebenheiten (Kunden, Märkte etc.) als nicht zutreffend identifiziert.

Erwünschtes Ergebnis: Das gewünschte Ergebnis ist das, was der Probleminhaber nach Beseitigung des Störfaktors zu erreichen wünscht: Aktuelle Situation – Störfaktor = gewünschtes Ergebnis. Dieses sollte als Basis für die Problemlösung so spezifisch und quantifiziert wie möglich angegeben werden, z. B. „Die Lieferzeit soll bis in drei Monaten um ein Drittel verringert sein".[13]

13 Vgl. Minto, B., das Prinzip der Pyramide, München 2006, S. 141 ff.

Notizen

1.4.2 Problemanalyse

In der Problemanalyse geht es darum, die Ursachen und Gründe für die Entstehung des Problems zu ermitteln, denn analog zu einer Krankheit, kann nur nach einer richtigen Diagnose die passende Therapie gewählt werden. I. d. R. beginnt die Problemanalyse mit der Datensammlung und -auswertung. Um jedoch zu vermeiden, dass unnötig viele Daten gesammelt werden, empfiehlt es sich, das Problem vorzustrukturieren. Beispiel: Das Unternehmen stellt fest, dass sich der Gewinn 2006 wesentlich negativer als die Planzahlen entwickelt. Vor der eigentlichen Problemanalyse wird erst ermittelt, wo genau die Zahlen abweichen, d. h. es wird in einem ersten Schritt geprüft, ob sich der Umsatz schlechter entwickelt hat oder/und ob die Kosten höher als geplant ausgefallen sind. Wurde festgestellt, dass vor allem die Kosten stärker als geplant gestiegen sind, wird ermittelt, welche Kosten (z. B. Personalkosten, Materialkosten) etc. konkret angestiegen sind. Auf diese Weise kann das Problem möglichst genau eingegrenzt und der Focus für die Problemlösung gezielt festgesetzt werden. Die Problemlösung muss sich jedoch nicht zwangsläufig auf die ermittelte Kostenart beschränken, denn unter bestimmten Umständen lassen sich die Kosten aufgrund externer Bedingungen nicht verändern (z. B. Erhöhung der Stahlpreise), so dass versucht werden muss, entweder die Kosten an anderer Stelle zu senken oder Maßnahmen zur Umsatzerhöhung einzuleiten. Für die Problemanalyse stellt die Literatur zahlreiche Instrumente zur Verfügung wie z. B. Fischgrät-Analyse, Ursache-Wirkungs-Analyse, Pareto-Analyse.

1.4.3 Erarbeitung von Lösungsvarianten und Auswahl der besten Alternative

Für die meisten Probleme gibt es nicht nur eine sondern mehrere Lösungswege. Im Laufe des Problemlösungsprozesses werden sich immer wieder verschiedene Varianten bzw. Lösungszweige aufzeigen. Viele Lösungsansätze können aufgrund unrealistischer Umsetzung oder einem negativen Aufwand-Nutzen-Verhältnis relativ schnell ausgesondert werden. Dennoch bleiben am Ende des Prozesses meistens noch mehrere Varianten übrig. Auch zur Erarbeitung dieser Alternativen gibt es hilfreiche Methoden, wie z. B. die Kreativitätstechniken (z. B. Brainstorming, Brainwriting), Delphi-Methode usw. Da es nur in Ausnahmefällen empfehlenswert ist, alle gefundenen Lösungsvarianten (LV) zu realisieren, muss im nächsten Schritt die beste Alternative ausgewählt werden. Hierfür können z. B. Entscheidungskriterien festgelegt und gewichtet werden. Jede LV wird hinsichtlich aller Entscheidungskriterien bewertet und am Schluss die gewichtete Summe ermittelt. In folgendem Beispiel wurden vier Entscheidungskriterien festgelegt und

Notizen

gewichtet (1 bis 10, Summe 10). Die drei zur Auswahl stehenden LV wurden nun bewertet (max. 5 Punkte). LV 2 hat z. B. bei den Kosten nur 1 Punkt erhalten, da diese Variante sehr hohe Kosten verursacht.
Für jede LV wurde am Ende die gewichtete Summe errechnet und die Variante mit der höchsten Punktesumme (LV 3) ausgewählt.

Kriterium	Gewichtung	LV 1	LV 2	LV 3
Kosten	**5**	2	1	5
Erfüllung Qualitätsniveau	**2**	2	5	2
Erforderliche Qualifikation der Mitarbeiter	**1**	1	3	2
Umstrukturierungsbedarf	**2**	3	2	4
Gewichtete Summe		21	22	**39**

Tab. 1: Beispiel Gewichtete Entscheidungstabelle [14]

Ergänzend zu dieser Methode, kann z. B. noch eine Risikobewertung vorgenommen werden, wobei für jede LV entschieden wird, wie hoch die Wahrscheinlichkeit des Risikoeintritts und wie hoch die Auswirkungen bei Risikoeintritt sind.
Diese strukturierte Vorgehensweise einer Problembearbeitung in einer wissenschaftlichen Arbeit verdeutlicht dem Leser, dass der Verfasser in der Lage ist, Probleme methodisch anzugehen und Entscheidungen auf Basis fundierter Analysen und Lösungsstrategien zu treffen. Der Ansatz kann z. B. ergänzend zur Hypothese erfolgen, in dem bereits begründete Vorannahmen zur Problemursache getroffen werden oder bereits LV zur Diskussion gestellt werden. Mit der strukturierten Problemlösungsmethode wird die Hypothese verifiziert oder falsifiziert.

14 Vgl. die Verfasser in Anlehnung an : Simon, W.: Managementtechniken, Offenbach 2005, S. 183 f.

Notizen

1.5 Zusammenfassung

Im Rahmen Ihres Studiums setzen Sie sich mit vielen neuen Lerninhalten auseinander, z. B. bei der Lektüre des TDR oder bei der Erstellung einer wissenschaftlichen Arbeit. Jede Wissenschaftsdisziplin befasst sich dabei mit einem Erkenntnisobjekt einer Wissenschaft, z. B. der Betriebswirtschaft. Die in der entsprechenden Disziplin gelehrten Kenntnisse bezieht die Wissenschaft aus dem Erfahrungsobjekt, z. B. den Unternehmen. Zur Gewinnung dieser Erkenntnisse können verschiedene Denkansätze herangezogen werden. Die bedeutendsten Denkansätze sind die Analyse und Synthese, die Induktion und Deduktion, die Hypothesenbildungen, Experimente, Modelle, Fallmethoden sowie die Heuristik.

Sie werden im Rahmen Ihres Studiums regelmäßig aufgefordert, das in Ihrem Studium erworbene Wissen auf bestimmte Problemstellungen in Ihrem Unternehmen anzuwenden. Der Weg der Problemlösung kann in bestimmten Schritten erfolgen. Im Rahmen der Problemdefinition werden Sie das Problem zuerst auf Raum und Zeit eingrenzen, den Störfaktor sowie das unerwünschte Resultat identifizieren und letztendlich festlegen, wie das gewünschte Ergebnis aussehen soll. Um das Problem nun konkret anzugehen, erfolgt eine Problemanalyse, in welcher die Ursachen und Gründe für die Entstehung des Problems geklärt werden. Auf dieser Basis können anschließend verschiedene Alternativen zur Lösung des Problems erarbeitet und letztendlich die beste Alternative ausgewählt werden. Ein Wissenstransfer findet aber auch in Form von Prüfungen oder bei der Erstellung wissenschaftlicher Arbeiten statt. Um Sie hierbei bestmöglich zu unterstützen, werden diese beiden Themen in Kapitel 3 und 4 ausführlich behandelt.

2 Lernpsychologie

Notizen

Um die eigene Lernstrategie effektiver zu gestalten, insbesondere im berufsintegrierten Studium, ist es von besonderer Bedeutung, den Lernprozess zu verstehen. Darauf aufbauend stellen wir Ihnen verschiedene Methoden vor, um die persönliche Lernstrategie zu optimieren und Ihre Gedächtnisleistung zu verbessern.

2.1 Lerntheorie und Lernprozess

Lernen wird von Weinert definiert „als Aneignung von Fähigkeiten, Kenntnissen, Fertigkeiten und Wissen".[15] Diese Definition ist jedoch zu eng gefasst um den ganzen Nutzen des Lernens darzustellen. Der Mensch erwirbt durch das Lernen ergänzend zur o. g. Definition auch Charaktereigenschaften, Überzeugungen und Motivation. Das Lernen befähigt den Lernenden, sein Handeln bewusst zu steuern, orientiert an selbstgesetzten Zielen, unter Berücksichtigung gesellschaftlicher und individueller Norm- und Wertsysteme. Zusammenfassend versteht man unter Lernen jede überdauernde Verhaltensänderung, die durch Übung, Beobachtung oder allgemein auf Erfahrungen entstanden ist.[16] Um zu lernen wendet der Mensch bestimmte Lerntechniken bzw. Lernmethoden an. Als Lerntechniken werden Verfahren bezeichnet, die den Erwerb und die Speicherung von Informationen in unserem Gedächtnis unterstützen. Die Anwendung von Lerntechniken haben die zwei Funktionen:

- Verbesserung der Speicherung von Informationen
- Verbesserung des Verständnisses für das Gelernte

Es existieren unterschiedliche Lerntechniken. Jede Person muss für sich, d. h. unter Berücksichtigung seines individuellen Lerntyps, seine eigene Kombination an optimalen Lerntechniken finden. Liegen Ihre Lernerfahrungen bereits länger zurück, sollten Sie Mut zum Experimentieren haben und unterschiedliche Lerntechniken und -methoden anwenden und ausprobieren. Sie werden schnell feststellen, womit Sie am besten klar kommen und bei regelmäßiger Anwendung wird sich schnell eine Routine einstellen. Mit dieser Routine wird sich auch Ihre Lernfähigkeit verbessern.[17] Grundsätzlich ver-

15 Weinert, F. E. u. a.: Pädagogische Psychologie 2, Frankfurt a. M., 1981; S. 609.

16 Vgl. Köder, K. W.: Studienmethodik – Selbstmangement für Studienanfänger, 2. Aufl., München 1994, S. 39 f.

17 Vgl. Baumeister, H. P.: Grundlagen des wissenschaftlichen Arbeitens, Lehrbrief Steinbeis-Transfer-Institut Management und Technologie, Stuttgart Filderstadt 200, S. 5.

Notizen

fügen Menschen über eine fast unbegrenzte Lernfähigkeit, sie unterscheiden sich jedoch dabei, wie sie ihre geistigen Potenziale ausschöpfen. Ob Sie beim Lernen gründlich vorgehen, ob Sie aus persönlichem Antrieb lernen oder den Druck von außen brauchen, ob Sie planmäßig, strukturiert und zielbezogen oder unsystematisch lernen, das alles hängt von Ihrer Persönlichkeit ab, sowie der Bedeutung die Sie Ihren Lernergebnissen zumessen. Sie können Ihre Lernfähigkeit aber verbessern, indem Sie den Lernprozess kennen und verstehen lernen, indem Sie wissen wie Ihr Gehirn funktioniert und indem Sie Ihre persönlichen „Lernstärken" strategisch einsetzen. Ziel dieses Kapitels ist es, Sie dazu zu befähigen und Sie dabei zu unterstützen, Ihre Lernpotenziale optimal zu nutzen.[18]

Wenn Sie lernen, dann durchlaufen Sie einen Lernprozess, der als solches nicht beobachtbar ist, aber Sie werden das Ergebnis sehen, z. B. in Form einer guten Klausurnote. Der zeitliche Ablauf des Lernprozesses lässt sich in vier Phasen einteilen.

- Vorbereitungsphase
- Aneignungsphase
- Speicherungsphase
- Erinnerungsphase

Nachfolgendes Modell verdeutlicht den Zusammenhang der Lernphasen.

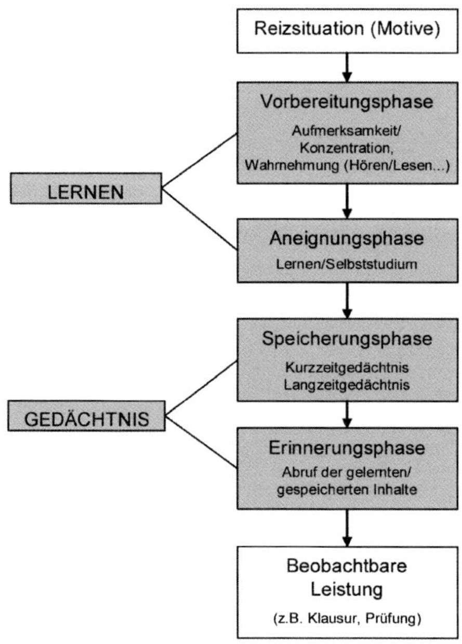

Abb. 4: Lernprozessmodell[19]

18 Vgl. Köder, K. W.: Studienmethodik – Selbstmangement für Studienanfänger, 2. Aufl., München 1994, S. 39 f.

Notizen

2.2 Arbeitsweise des Gehirns

Um den Vorgang des Lernens besser zu verstehen, ist es hilfreich den Aufbau und die Funktionsweise des Gehirns zu kennen. Das menschliche Gehirn ist in zwei Gehirnhälften eingeteilt, die ganz unterschiedliche Funktionen übernehmen. Die linke Gehirnhälfte arbeitet vorwiegend mit sprachlichen und mathematischen Symbolen, dagegen arbeitet die rechte Gehirnhälfte hauptsächlich in Bildern. Aufgrund dessen übernehmen die beiden Gehirnhälften auch unterschiedliche Aufgaben:

Aufgaben der linken Gehirnhälfte	Aufgaben der rechten Gehirnhälfte
■ Sprechen ■ Lesen ■ Schreiben ■ Analysieren ■ Logisches schließen und abstrahieren ■ Kritisch prüfen ■ Auswerten ■ Umsetzen und durchführen	■ Erfassen von komplexen Zusammenhängen ■ Intuition ■ Ganzheitliches Denken ■ Visualisieren ■ „Geistesblitze" ■ Eingebungen

Tab. 2: Aufgaben der linken und rechten Gehirnhälfte [20]

Beispiel: Sie haben eine neue Geschäftsidee, die mit einer Vision beginnt. In diesem Stadium ist vor allem Ihre rechte Gehirnhälfte aktiv, da bildhafte Vorstellungen über Ergebnisse und Situationen in der Zukunft vor Ihrem inneren Auge ablaufen. Die linke Gehirnhälfte wird aktiv, wenn Sie die Umsetzung Ihrer Geschäftsidee durchdenken, indem Sie Ihre Gedanken konkretisieren (z. B. in Form eines Businessplans) und kritisch hinterfragen und indem Sie Berechnungen anstellen oder Marktanalysen durchführen. Beide Bereiche sind somit unverzichtbar. Ohne die Initialzündung der rechten Gehirnhälfte wäre es gar nicht zu der Geschäftsidee gekommen und ohne die rationale Arbeitsweise der linken Gehirnhälfte wäre sie nie realisiert worden. Das bildhafte Denken geht somit dem analysierenden, abstrakten Denken zeitlich und logisch voraus. Bereits der griechische Philosoph Aristoteles hat erkannt, dass es unmöglich ist zu denken ist, ohne ein geistiges Bild vor Augen zu

---

19 Vgl. Köder, K. W.: Studienmethodik – Selbstmangement für Studienanfänger, 2. Aufl., München 1994, S. 41.

20 Ebd. S. 48 f.

Notizen

haben.[21] Nachfolgende Abbildung zeigt die Funktionsweise der beiden Gehirnhälften bei der Erfassung des Wortes Haus. Während die linke Gehirnhälfte ein Haus versteht als ein Gebäudekonstrukt aus Wänden, Dach, Fenstern, Türen entsteht in der rechten Gehirnhälfte ein Bild des Gebäudes.

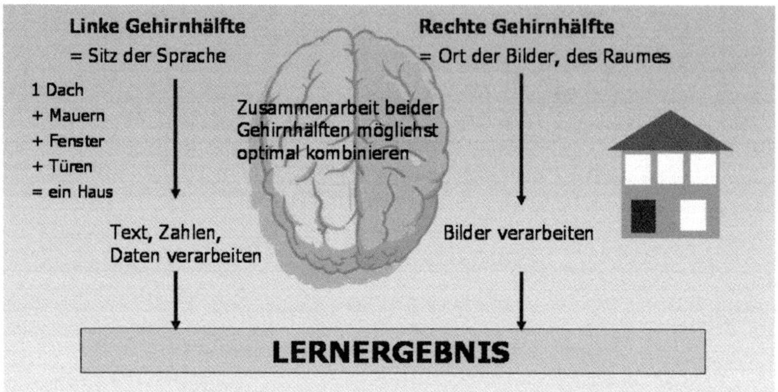

Abb. 5: Informationserfassung der linken und rechten Gehirnhälfte

Für den Lernvorgang aber auch für unsere tägliche Arbeit ist es wichtig, dass beide Gehirnhälften möglichst optimal zusammenarbeiten. Jedoch leidet unsere Kultur an einer starken Linkslastigkeit und die Zusammenarbeit der beiden Gehirnhälften muss oft erst wieder ganz bewusst eingeübt werden. Sie können diese Zusammenarbeit üben, indem Sie den Lernstoff nicht nur in Worten ausgedrückt lernen, sondern auch in Bilder übersetzen. Diese Vorgehensweise intensiviert nicht nur Ihre Gehirn-, sondern auch die Gedächtnisleistung.[22]

2.3 Lernbeeinflussende Faktoren

Sicherlich haben Sie selbst bereits die Erfahrung gemacht, dass Ihre Lernergebnisse Schwankungen unterworfen sind. Der Lernerfolg wird von mehreren Faktoren beeinflusst. Neben den behaltensbeeinflussenden Faktoren hängt Ihr Lernerfolg vor allem von Ihrer Motivation, Aufmerksamkeit und Konzentration ab. Wie Sie diese Faktoren positiv beeinflussen können, zeigt dieses Kapitel auf.

---

21 Vgl. Köder, K. W.: Studienmethodik – Selbstmangement für Studienanfänger, 2. Aufl., München 1994, S. 48.

22 Ebd. S. 47 ff.

Notizen

2.3.1 Das Gedächtnis

Das Gedächtnis hat die Funktion der Speicherung von Informationen und des sich Erinnerns, d. h. das Abrufen der Informationen im Bedarfsfall, z. B. bei einer Klausur. Die Gedächtnisleistung nimmt mit dem Älterwerden ab, jedoch gibt es Möglichkeiten, die Gedächtnisleistung zu trainieren. Das Wiederauftauchen von Gedächtnisinhalten wird als Reproduktion oder die Bereitstellung von Wissen bezeichnet. Ihr Lernerfolg hängt also vor allem von dieser Reproduktionsfähigkeit ab. Ziel des Lernens ist es, möglichst viele Lerninhalte in das Gedächtnis zu speichern. Informationen (Sinnesreize, Impulse) gelangen zuerst in das Ultrakurzzeitgedächtnis.

Das Ultrakurzzeitgedächtnis ist der erste Filter der Wahrnehmungsstufen. Damit Informationen dort nicht wieder verloren gehen, müssen sie innerhalb von etwa zwanzig Sekunden bewusst abgerufen bzw. wahrgenommen werden. Wenn diese Aufmerksamkeit nicht vorhanden ist bzw. sich diese Informationen nicht an bereits bekannte Gedankenverbindungen anknüpfen lassen, dann gehen die Wahrnehmungen wieder verloren. Beispiel: Wenn Sie ein Buch lesen und die Inhalte nicht ganz bewusst erfassen, werden Sie feststellen, dass Sie hinterher nicht mehr sagen können, was Sie eigentlich gelesen haben. Bewusst lesen bedeutet z. B. das Gelesene mit bereits bekanntem Wissen zu verknüpfen, den Inhalt in Bilder zu übersetzen oder Überlegungen zur Übertragbarkeit auf die eigene Situation zu finden. Vielleicht haben Sie bereits in früheren Ausbildungsphasen Ihre Mitschüler bewundert, die einen Text nur einmal lesen mussten um ihn dann für die Prüfungen abrufen zu können. Dies konnten sie nur durch bewusstes Erfassen der Texte erreichen.

Die zweite Gedächtnisstufe ist das Kurzzeitgedächtnis. Informationen werden hier ca. 20 Minuten gespeichert. Danach gelangen sie in das Langzeitgedächtnis oder sie gehen komplett verloren. Eine im Langzeitgedächtnis gespeicherte Information kann ein ganzes Leben lang erhalten bleiben.[23]

Damit der Lernstoff in das Langzeitgedächtnis gelangt und dort auch erhalten bleibt, muss „richtig" gelernt werden:

- Je öfter der Lernstoff wiederholt wird, desto intensiver „brennt" er sich in das Langzeitgedächtnis ein. Mit dem ersten Lernvorgang legen Sie im Gehirn einen kleinen Gedächtnispfad an. Mit dem mehrfachen Wiederholen wird daraus eine Autobahn.

---

23 Vgl. Köder, K. W.: Studienmethodik – Selbstmangement für Studienanfänger, 2. Aufl., München 1994, S. 47 ff.

Notizen

- Auch mit der Aktivierung beider Gehirnhälften (Verbindung von Sprache und Bildern) erhöhen Sie Ihre Gedächtnisleistung, z. B. indem wir uns unsere Gedächtnisleistung als Pfad oder Autobahn (s. o.) vorstellen.
- Lernen durch Assoziieren: Neue Bewusstseinsinhalte werden an vorhandene angeknüpft, indem Sie z. B. versuchen den Lernstoff auf bereits erlebte Situationen in Ihrem Unternehmen anzuwenden. Diese „Eselsbrücken" basieren auf der Assoziation.
- Gedächtnissteigerung und Erhöhung des Lernerfolgs durch die Nutzung möglichst vieler Lernkanäle (kumulative Wirkung s. u.)
- Anpassung der Informationsaufnahme an den Lerntyp.

Die Menschen unterscheiden sich dabei, wie sie neue Informationen am besten aufnehmen bzw. welche Lernkanäle (sehen, hören...) sie vorwiegend nutzen, d. h. welchem Lerntyp sie angehören. Die Forschung hat bestätigt, dass der Mensch je nach Persönlichkeit einen bestimmten Lernkanal (Aufnahmekanal) bevorzugt.[24] Es ist aber auch erwiesen, dass es keine „reinrassigen" Lerntypen gibt, die nur einen Lernkanal nutzen, sondern dass verschiedene Lernkanäle mit unterschiedlichem Schwerpunkt genutzt werden. Die Kombinationsfähigkeit von Lernkanälen ist eine wichtige Voraussetzung für die Steigerung der Gedächtnisleistung. Es ist ebenfalls erwiesen, dass die Gedächtnisleitung steigt, je mehr Lernkanäle aktiviert bzw. genutzt werden. Dies wird als die „kumulative" Wirkung der Nutzung von verschiedenen Lernkanälen bezeichnet. Zur möglichst optimalen Nutzung der Lernkanäle sollte die Lernform an den eigenen Lerntyp angepasst sein.
Auditive Lerntypen nehmen die Informationen am besten über das Gehör auf, d. h. der Besuch der Vorlesungen bzw. Präsenzveranstaltungen ist für den Lernvorgang sehr förderlich.
Visuelle Lerntypen nehmen Informationen am besten über Bilder oder bildhafte Assoziationen auf und sie schätzen Lernmaterial, das die Wissensvermittlung durch Visualisierungen wie Bilder, Graphiken oder Tabellen unterstützt.
Handlungsorientierte Lerntypen lernen am besten durch die Anwendung des Lernstoffes in Lerngruppen, durch Fallbeispiele oder durch die Anwendung im Unternehmen.

24 Einen wesentlichen Beitrag zur Erklärung der Lern- und Gedächtnisleistung hat auch Frederic Vester mit seinem Werk „Denken, Lernen, vergessen" (19. Aufl.; München 1998) geleistet.

Notizen

Lerntyp/Lernkanal	Lernform	Gedächtnis-leistung
auditiv	Zuhören	ca. 20 %
visuell	Sehen (Lesen)	ca. 30 %
auditiv + visuell	Hören und Sehen	50 – 60 %
auditiv + visuell + Reproduktion	Hören, Lesen, Reden und Diskutieren	bis zu 70 %
auditiv + visuell + Reproduktion + Personenorientierung	Hören, Lesen, Reden und Diskutieren, Selbst erarbeiten	bis zu 95 %

Tab. 3: Kumulative Wirkung der Nutzung von Lernkanälen [25]

Auch im Selbststudium können Sie die Lernkanäle kombinieren, z. B. indem Sie Texte laut lesen, wichtige Merksätze herausschreiben, unterstreichen und markieren, gehörte oder gelesene Informationen durch eigene Beispiele oder durch eigene Worte veranschaulichen und nach dem Lesen eines Kapitels das Buch weg legen und in Gedanken oder mit Worten nochmals wiederholen. Sollten Sie nicht wissen, zu welchem Lerntyp Sie gehören, werden Sie es schnell herausfinden, indem Sie die verschiedensten Lernformen ausprobieren und den Lernerfolg analysieren.

Eine ideale Form der bildhaften und gleichzeitig strukturierten Darstellung des Lernstoffes ist die Mind Map (Eine Mind Map bzw. Gedankenkarte ist die Visualisierung eines Strukturplans in einer Form, die den assoziativen Denkprozess unterstützt, d. h. indem sie Verbindungen, Vernetzungen und Zuordnungen aufzeigt). Im Zentrum der Mind Map steht der Hauptbegriff, von dem aus sich in Ästen und Zweigen angeordnete Assoziationsketten ausbreiten. Zwischen den einzelnen Zellen dieser Assoziationsketten sind wiederum Querverbindungen möglich.[26]

25 Vgl. Köder, K. W.: Studienmethodik – Selbstmangement für Studienanfänger, 2. Aufl., München 1994, S. 54.

26 Vgl.: http://www.projektmagazin.de/glossar/gl-0232.html, 27.08.2006.

Notizen

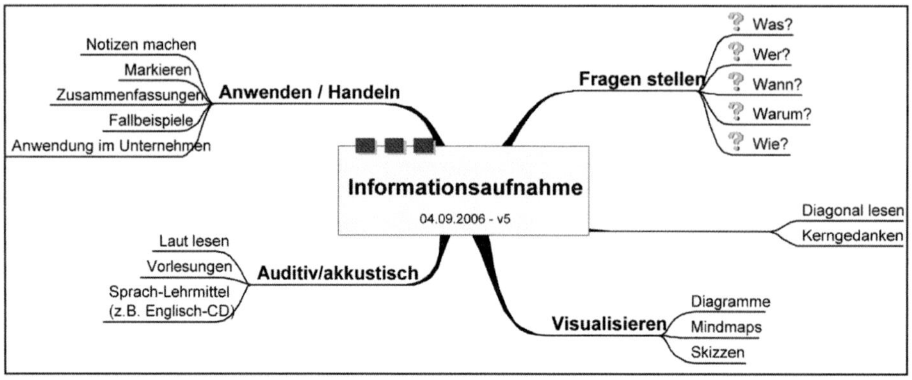

Abb. 6: Beispiel einer Mind Map

2.3.2 Behaltensbeeinflussende Faktoren

Der Mensch ist grundsätzlich mit einer guten Gedächtnisleistung ausgestattet, die jedoch durch fehlendes oder falsches Training geschwächt wird. Es gibt zahlreiche Faktoren, die die Behaltensleistung des Gehirns negativ beeinflussen. Für den Lernprozess ist es daher wichtig, zu analysieren, welche individuellen Faktoren Ihre konkrete Behaltensleistung schwächen und wie Sie die Störfaktoren reduzieren oder ganz abschalten können.
Nachfolgende Tabelle 4 zeigt eine Auswahl an Störfaktoren für die Gedächtnis- bzw. Behaltensleistung und entsprechende Lösungsvorschläge.
Zur Förderung der Gedächtnisleistung können auch spezielle Techniken eingesetzt werden, die teilweise zu überraschenden Erfolgen führen können. Eine der bekanntesten Methode ist die Loci-Technik. Hierbei werden die Stichwörter einer zu lernenden Liste bildhaft mit den Orten eines gut bekannten Weges verbunden werden. (z. B. geistige Wanderung durch das eigene Zimmer). Das erste Wort auf der Liste wird mit dem ersten Ort (z. B. Zimmertür) verbunden, in dem man Ort und Begriff durch ein visuelles Bild oder einer Geschichte verknüpft. Das verlangt beim erstmaligen Anwenden noch etwas Phantasie, aber mit ein wenig Übung fällt die Verknüpfung immer leichter. Wird die Liste wieder aufgerufen, „wandert“ man in der gewohnten Reihenfolge durch den Ort und ruft sich so wieder die verknüpften Begriffe in Erinnerung. So können die Begriffe meist sogar auch in der richtigen Reihenfolge aufgesagt werden. Um sich diese oder ähnliche Techniken anzueignen gibt es zahlreiche Literatur- und Seminarangebote auf dem Markt.[27]

27 Vgl. Schuster, M.: Für Prüfungen lernen – Strategien zur optimalen Prüfungsvorbereitung, Göttingen 2005, S. 61 f.

Notizen

Störfaktoren der Behaltensleistung	Beispiele zur Reduzierung oder Elimination der Störfaktoren
Psychische Störfaktoren, z. B. ■ Motivationsmängel ■ Konzentrationsprobleme	Motivation und Konzentration, siehe Kapitel 2.3.3 und 2.3.4
Mangelnde Fachkenntnisse, z. B. ■ fehlender Überblick ■ schlechte Vorbereitung ■ Überforderung	Hier kann es helfen, vor dem eigentlichen Lernprozess sich zuerst die Lerninhalte zu strukturieren und einen detaillierten Lernplan zu erstellen, incl. Vorbereitungsmaßnahmen, wie z. B. Fachliteratur zu einem bestimmten Thema zu besorgen. Die Überforderung entsteht vor allem, wenn man das Gesamtziel vor Augen sieht. Das Ziel bzw. die Aufgaben müssen auf kleine Einheiten herunter gebrochen werden, die in überschaubaren Zeiteinheiten erreichbar bzw. zu schaffen sind.
Persönlichkeitsfaktoren, z. B. Lerntyp wird nicht berücksichtigt.	Analyse des Lerntyps und bewusste Anwendung geeigneter Lernformen. Diese weichen häufig vom klassischen Lernen ab, d. h. hier bedarf es etwas Mut und Flexiblität Neues auszupobieren.
Person des Lehrenden, z. B. ■ Anwendung ungeeigneter Lernmethoden ■ kein roter Faden ■ keine Methodik ■ abschweifen vom Thema	Gespräche mit den Dozierenden. Diese sind i.d.R. dankbar, wenn Sie nicht erst bei der Evaluation (am Ende der Veranstaltung) von den Kritikpunkten erfahren, sondern so rechtzeitig, dass sie noch darauf reagieren können.
Schlechte Arbeitshygiene, z. B. ■ Lärmpegel ■ Lichtverhältnisse, Temperatur, Lüftung ■ unordentlicher Arbeitsplatz	Viele Gegenheiten lassen sich nicht ändern, so dass man sich an die Situation möglichst gut anpassen muss. Den Lärmpegel kann man z. B. durch Ohrschützer reduzieren. Der Arbeitsplatz lässt sich bereits durch Aufräumen angenehmer und lernfreundlicher gestalten.

Tab. 4: Störfaktoren der Behaltensleistung und Lösungsvorschläge

2.3.3 Lernmotivation

Unter Motivation wird die Gesamtheit der in einer Handlung wirksamen Motive verstanden. Motive wiederum sind Beweggründe für das Verhalten, die auf subjektiven Mangelerscheinungen basieren. Nach Thomae ist die Frage nach der Motivation die Frage nach dem Warum des menschlichen Verhaltens und Erlebens oder die Sammelbezeichnung für alle Prozesse und Konstrukte,

Notizen

mittels deren dieses Warum zu klären versucht wird.[28]
Mit der Aufnahme eines Studiums soll der Informationsbedarf gedeckt bzw. der Mangel an Wissen abgebaut werden. Das im Studium erworbene Wissen ist die Voraussetzung für die Realisierung unserer beruflichen Ziele bzw. unserer Karrierevorstellungen.[29]
Die Motivation verschafft uns somit den Grund für alle Aktivitäten, also auch für die Lernaktivitäten. Im Lernprozess müssen Motivationen angestrebt werden, die den Interessen des einzelnen entsprechen. „Die Motivationspsychologie unterscheidet „intrinsische“, von innen kommende Bedürfnisse, die durch die Handlung selbst befriedigt werden, und „extrinsische“ Motive, welche nicht durch eine Tätigkeit an sich, sondern durch extern gesetzte Anreize angesprochen werden. Sie sind nur Mittel zur Befriedigung anderer Bedürfnisse, wie beispielsweise Geld, Sicherheit oder Prestige“.[30]
Beispiele:

- Lernen und Studieren unter dem Aspekt persönlicher Vorteile, z. B. das Finden einer gut bezahlten Stelle durch ein gutes Abschlusszeugnis.
- Studieren unter gedanklicher Vorwegnahme des Erfolges und der daraus resultierenden Verbesserung des eigenen Images.
- Studieren aufgrund einer Vorbildwirkung anderer Personen (z. B. Geschwister, Freunde).

Die Stärke beider Motivationsformen beeinflusst das Behalten von Lerninhalten und die Konzentration in den Lehrveranstaltungen, wobei wir den Lernnutzen deutlich erkennen und bestimmte Ergebnisse in erreichbarer Nähe sein müssen. Die Motivation ist demzufolge eng verbunden mit dem Studienverlauf und -erfolg. Angesichts dessen ist es für den einzelnen wichtig zu wissen, welche Zielsetzungen mit dem Studium verbunden sind.

2.3.4 Aufmerksamkeit und Konzentration

Die Motivation steht in engem Zusammenhang mit Aufmerksamkeit und Konzentration. Wer keinen Sinn im Studium sieht und unmotiviert ist, wird sich kaum auf die einzelnen Inhalte konzentrieren können.
Die Konzentration wird jedoch noch von vielen anderen Faktoren beeinflusst, u. a. von der Anzahl der Reizeinflüsse. Je mehr wir uns auf einen einzigen

---

28 Vgl. Thomae, H.: Die Bedeutung des Motivationsbegriffs, in: Thomae, H. (Hrsg.): Handbuch der Psychologie, Band 2: Allgemeine Psychologie, Göttingen 1965, S. 3 ff.

29 Vgl. Schneck, O. u. a.: Lexikon der Betriebwirtschaft, 4. Aufl., München 2003, S. 707 f.

30 Beck, S.: Skill-Management – Konzeption für die betriebliche Personalentwicklung, Wiesbaden 2005, S. 110

Gegenstand konzentrieren können, umso schneller erreichen wir das Lernziel. Gehemmt wird die Konzentration von Ermüdungserscheinungen und monotoner, einseitiger Lernvorgänge. Daher ist es im Lernprozess besonders wichtig, die persönliche Leistungskurve zu berücksichtigen (siehe Kapitel 5.3.5). Im Tagesverlauf gibt es sehr leistungsfähige und aber auch leistungsschwache Zeiten, die den Lernerfolg beeinflussen. Die Leistungskurve ist bei jedem Menschen unterschiedlich und sollte bei Studienbeginn analysiert werden. In der Konsequenz bedeutet dies, dass das Arbeiten mit lernintensiven Fächern, die eine hohe Konzentration erfordern, zu leistungsfähigen Tageszeiten eingeplant werden sollte. Weiterhin wird die Konzentration durch Störungen von außen beeinflusst. Nicht nur Straßen- oder Baulärm verursacht diese Störungen, sondern auch die Kommunikationsbedürfnisse von Freunden und Familienmitgliedern. Klare Absprachen und feste Lernzeiten schaffen hier den notwendigen Handlungsfreiraum.
Eine besondere Situation stellt das berufsbegleitende Studium dar, denn hier wird die Konzentration zusätzlich noch durch die Arbeit und ggf. von beruflichen Problemen gestört. Da sich dies nicht gänzlich verhindern lässt, muss dieser Umstand von Anfang an mit eingeplant werden, z. B. durch Urlaubstage vor Klausuren und feste Lernzeiten am Wochenende. Weiterhin muss die Konzentration zu den möglichen Lernzeiten möglichst optimiert werden. Die Fähigkeit, sich auf den Lernprozess zu konzentrieren, lässt sich systematisch üben. Folgende Anregungen sollen Ihnen dabei helfen:

1. Rückschauende Konzentrationsübungen:

- Betrachten Sie eine Abbildung aus einem Buch oder einen TDR ca. zwei bis drei Minuten ganz ruhig. Schließen Sie danach die Augen und versuchen Sie, sich das Bild vorzustellen. Anschließend kontrollieren Sie, ob Ihre Vorstellung richtig gewesen ist.
- Lesen Sie einen Textteil und legen Sie anschließend das Buch beiseite. Erarbeiten Sie sich stichwortartig eine Zusammenfassung und rekonstruieren Sie den Inhalt.

2. Prospektive Konzentrationsübungen:

- Stoppen Sie nach dem Lesen der Überschrift und überlegen Sie zuerst, was Sie bereits über das Thema wissen. Zum einen stimmen Sie sich damit auf ein effektives und konzentriertes Lesen ein und zum anderen erhöhen Sie Ihre Gedächtnisleistung, da Sie neues Wissen an altes Wissen anknüpfen.

Notizen

- Analysieren Sie Ihre Lernstörungen und versuchen Sie anschließend ganz gezielt, diese Störungen in der nächsten Phase auszuschalten. Bleiben Sie diszipliniert und üben Sie ständig Ihre Konzentrationskraft.
- Legen Sie regelmäßig Pausen ein, verbunden mit Bewegung an der frischen Luft oder einem Durchlüften des Zimmers. Nach jeder Stunde sollte eine kleine Pause und nach drei bis vier Stunden eine größere Pause eingelegt werden.
- Gewöhnen Sie sich feste Lernzeiten zu bestimmten Terminen an.

Sie werden feststellen, dass sich durch diese Übungen und Anregungen Ihre Konzentration verbessert. Um diesen Zustand auf einem entsprechend hohen Niveau zu halten, müssen diese Übungen regelmäßig angewendet werden.[31]

2.4 Lesetechniken

Das Literaturstudium (incl. TDR) gehört zum festen Bestandteil eines Studiums, auch im Zeitalter der neuen Medien. Im berufsbegleitenden Studium bildet Lesen die wichtigste und zeitaufwändigste Form des Wissenserwerbs. Die TDR bilden die theoretische Grundlage des Studiums und müssen gründlich durchgearbeitet werden. Weiterhin gibt es zu allen Themen umfangreiche Fachliteratur, die ergänzend durchgearbeitet werden kann, um die Studieninhalte zu vertiefen oder auch aus anderen Sichtweisen zu betrachten. Spätestens bei der Erstellung von Seminararbeiten oder der Bachelor-Thesis müssen Sie mit dieser ergänzenden Literatur arbeiten. Das Lesen von Texten im Rahmen eines wissenschaftlichen Studiums unterscheidet sich von der normalen Lektüre eines Buches oder z. B. der Tageszeitung. Es ist eine aktive Auseinandersetzung mit dem Text erforderlich, um die wesentlichen Inhalte des Textes zu erfassen, zu verstehen und die richtigen Schlussfolgerungen zu ziehen. Daraus resultiert, dass die Inhalte nach Relevanz und Wichtigkeit unterschieden werden müssen, denn es kann nie alles zu einem Thema erhältliche Material gelesen werden.

Die Fünf-Punkte-Lese-Methode (SQ3R) kann zu einem effektiven und rationelleren Lesen beitragen. Dabei wird der Lern- bzw. Lesevorgang in folgende Schritte zerlegt.

Survey – Überblick verschaffen: Um zu entscheiden, ob das Lesematerial überhaupt der Zielsetzung entspricht bzw. welche Kapitel von besonderer

[31] Vgl. Köder, K. W.: Studienmethodik – Selbstmanagement für Studienanfänger, 2. Aufl.; München 1194, S. 43 ff.

Notizen

Relevanz sind, müssen Sie sich zuerst einen Überblick verschaffen. Überblick erhalten Sie

- im Umschlagstext, in welchem der Buchinhalt kurz zusammengefasst und die Schwerpunkte herausgearbeitet werden.
- im Vorwort, in welchem meist die Motivation und Zielsetzung zu dem Werk dargestellt sind.
- im Inhaltsverzeichnis, aus dem nicht nur der Inhalt, sondern auch die Reihenfolge der Themenbearbeitung und die Schwerpunkte (Seitenumfang) zu erkennen sind.
- Anhand von Abbildungen und Tabellen, die es ermöglichen, die Inhalte schnell zu erfassen und Anhaltspunkte für den Schwierigkeitsgrad aufzeigen.
- im Literaturverzeichnis, das aufzeigt mit welchen Quellen der Autor gearbeitet hat (z. B. handelt es sich um Standardwerke? Wie aktuell sind die Quellen?).

Question – Fragen stellen: Hier kommt es darauf an, die richtigen Fragen zu stellen:

- Was steckt hinter den Überschriften?
- Woher kenne ich die Begriffe?
- Welche Vorkenntnisse habe ich bereits zu den Überschriften?
- In welchem Zusammenhang habe ich bereits von dem Thema gehört oder gelesen?
- Inwiefern wurde ich bereits in meinem beruflichen Umfeld mit dem Thema konfrontiert?
- Sind Definitionen enthalten?
- Wie sind die Zusammenhänge?

Mit diesen Fragestellungen wird aus einem passiven ein aktives Lesen, da durch die Suche nach einer Antwort, der Text bewusster wahrgenommen wird und somit besser im Gedächtnis haften bleibt.

Read – Lesen: Um den Lesestoff bewusst aufzunehmen hilft es

- die Gedankengänge/Überlegungen des Autors bewusst nachzuvollziehen,
- den Text kritisch zu lesen und das Gelesene auch mal in Frage zu stellen,
- Fremdwörter und Fachtermini sofort zu definieren,
- Hauptaussagen der einzelnen Kapitel suchen (und evtl. herauszuschreiben) und
- zwischen Tatsachen und Meinungen zu unterscheiden.

Notizen

Diese Art des Lesens wird am Anfang sehr ungewohnt sein und erst einmal Zeit beanspruchen. Wenn Sie aber das Kapital nur einmal lesen müssen um sich den Inhalt zu merken, werden Sie bald die Effektivität dieser Methode schätzen lernen. Der Stoff wird auf diese Art nicht nur überflogen, sondern gründlich und systematisch durchgearbeitet.

Recite – Rekapitulieren: Ziel des Rekapitulierens ist die Verankerung des Gelesenen im Gedächtnis. Hierzu sollte am Ende des Kapitels oder auch zwischendurch in Lesepausen das Gelesene nochmals in Erinnerung gerufen werden (mündlich, Stichwortnotizen, Mind Map ...). Neben der nochmaligen bewussten Erfassung des Lesestoffs, stellen Sie fest, welche Inhalte Sie noch nicht richtig verstanden haben und welche Zusammenhänge noch fehlen. Diese Lücken können Sie dann unverzüglich schließen.

Review – Wiederholen: Je öfter Sie den Lernstoff wiederholen, desto besser werden Sie ihn sich merken können. Denn mit jeder Wiederholung verbreitert sich der Gedächtnispfad in Ihrem Gehirn.
Generell beinhaltet die SQ3R-Methode auch einen motivierenden Aspekt. Durch den ständigen Wechsel zwischen Fragen stellen, Lesen, Rekapitulieren, Wiederholen wird ein starres Lesen vermieden, das Interesse bleibt wach und wirkt der Ermüdung entgegen.
Effektiv lesen bedeutet auch in der richtigen Geschwindigkeit zu lesen. Es ist viel sinnvoller eine Sache gründlich zu lesen und durchzuarbeiten als viel Stoff nur oberflächlich (Qualität vor Quantität) anzulesen. Wird zuviel auf einmal gelesen, z. B. weil man sich vorgenommen hat, bis zu einer bestimmten Uhrzeit eine bestimmte Seitenanzahl zu lesen, kann dies leicht zur Überforderung führen und der Nutzen wäre höher, wenn nur die Hälfte der Seite richtig und bewusst gelesen worden wäre. Gerade im berufsintegrierten Studium haben viele Studierenden Schwierigkeiten, die richtige Lesegeschwindigkeit zu finden, weil sie aufgrund der wenigen zur Verfügung stehenden Zeit unter Druck stehen. Die Lesegeschwindigkeit hängt dabei auch von der Schwierigkeit des Inhaltes ab. Geben Sie sich bei schwierigen Textstellen die Zeit, den Text auch mehrfach zu lesen, denn dies kann das Verständnis des nachfolgenden Textes erleichtern, so dass sich diese zeitliche Investition letztendlich auszahlt.
Aktive Auseinandersetzung bedeutet weiterhin, den Text unter einer bestimmten Perspektive zu lesen, z. B. in Bezug auf die Lernziele oder auf die Transfermöglichkeit in Ihrem Beruf. Aufgrund Ihrer beruflichen Erfahrungen besitzen Sie i.d.R. genügend Einblicke in betriebswirtschaftliche Sachverhalte, um

Notizen

mit den Texten zu interagieren, d. h. einen Bezug von altem zu neuem Wissen zu schaffen. Diese Interaktion ist Übungssache. Versuchen Sie deshalb vor allem zu Beginn des Studiums ganz bewusst unter diesem Aspekt zu lesen.[32]

Der Leseerfolg kann durch unterstützende Methoden noch gesteigert werden. Sofern es sich nicht um Leihbücher handelt, sollten wichtige Textteile (Schlüsselbegriffe, zentrale Aussagen...) markiert oder unterstrichen werden. Dies hat mehrere Vorteile:

- Um zu entscheiden, welche Textstellen so wichtig sind, dass sie markiert werden sollten, wird der Text automatisch bewusst gelesen.
- Da der Lernstoff auch wiederholt werden sollte, finden Sie die wichtigen Stellen schneller und können ggf. die unwichtigen Passagen ab dem zweiten mal lesen weglassen.
- Durch unterschiedliche Farbenwahl lassen sich die Textstellen einteilen, z. B. in Definitionen, Theorieerläuterungen, Beispiele.

Viele Bücher haben die Hauptaussagen am Seitenrand zusammengefasst (Marginalien). Hier hat der Autor bereits wertvolle Arbeit für Sie geleistet, da Sie schneller entscheiden können, ob das Kapitel für Sie relevant ist. Solche Randnotizen können Sie aber auch selbst anfertigen um den Inhalt der einzelnen Kapitel zu verdeutlichen. Auch hier haben Sie den Vorteil, dass der Lesestoff bewusst aufgenommen werden muss, um diese Randnotizen zu formulieren. Des weiteren nutzen Sie die kumulative Wirkung der Lernkanäle, da Sie nicht nur lesen, sondern auch selbst aktiv werden. Die Randnotizen können auch für ergänzende Bemerkungen benutzt werden, z. B.

? Fragezeichen: noch Klärungsbedarf, z. B. nicht verstandenes Fremdwort
! Ausrufezeichen: diese Stelle beachten, besonders wichtig
→ Beispiel ...

Bei Leihbüchern muss man sich stattdessen die wichtigsten Stichworte und Aussagen herausschreiben. So erhält man ggf. eine Art „Konzentrat“ – auch „Exzerpt“ genannt, das insbesondere für das Lernen kurz vor den Prüfungen sehr hilfreich sein kann.

32 Vgl. Baumeister, H. P.: Grundlagen des wissenschaftlichen Arbeitens, Steinbeis-Transfer-Instititut Management und Technologie, Stuttgart Filderstadt 2000, S. 20 ff.

Notizen

2.5 Richtig exzerpieren und Präsenzveranstaltungen dokumentieren

Richtiges Exzerpieren, d. h. das Anfertigen von Textauszügen, Zusammenfassungen oder Notizen erfordert große Sorgfalt und Zeit, so dass auch hier der Leitspruch „Qualität vor Quantität“ gilt. Trotz des Zeitbedarfs sollte nicht darauf verzichtet werden, denn der Nutzen gleicht den Zeitaufwand wieder aus.

- Exzerpte steigern die Gedächtnisleistung, denn sie entstehen durch bewusstes Lesen und Durcharbeiten der Texte.
- Die Exzerpte stehen auch nach der Abgabe von Leihbüchern zur Verfügung.
- Die Erstellung der Exzerpte ist eine gute Übung für die Prüfungen, da Sie auf diese Weise Übung darin erhalten, Textaussagen in Ihren Worten wiederzugeben und aufzeigen, ob Sie den Inhalt verstanden haben.
- Exzerpte können untereinander (z. B. innerhalb einer Lerngruppe) ausgetauscht werden.

Der Exzerpierprozess sollte erst nach dem Lesen eines Textabschnitts begonnen werden. Evtl. kann in der Ausführlichkeit unterschieden werden in eigene und entliehene Bücher. So kann die Zusammenfassung bei eigenen Büchern eher kürzer gehalten werden, da bei Bedarf für Details nochmals nachgeschlagen werden kann. Für die praktische Vorgehensweise gibt es keine Standardregeln, z. B. hinsichtlich handschriftlicher Notizen oder Erfassung per EDV. Die handschriftliche Exzerpterstellung hat den Vorteil, dass man räumlich ungebunden ist. Selbst mit Notebook ist man i. d. R. an Stromverbindungen und Tisch gebunden. Das digitale Exzerpt wiederum kann einfacher ergänzt und zwischen Kommilitonen ausgetauscht werden. Unabhängig welche Methode gewählt wird, sind bestimmte „Qualitätsanforderungen“ einzuhalten. So muss gekennzeichnet werden, woher die Aufzeichnungen stammten (Titel, Autor, Auflage, Erscheinungsjahr, Ort, Seitenzahl). Eine einmal erstellte Vorlage erleichtert die Erfassung dieser Daten. Weiterhin sollte der Text so geschrieben werden, dass Sie ihn auch nach einer gewissen Zeit noch verstehen, d. h. dass z. B. auf unklare Abkürzungen verzichtet wird und die Sätze möglichst ausformuliert werden. Eigenerstellte Skizzen, Mind Maps etc., die Strukturen und Zusammenhänge verdeutlichen, sind eine gute Möglichkeit um den visuellen Lernkanal zu aktivieren. Ergänzen Sie die Auszüge ggf. durch Fragen, die Sie mit dem Dozenten oder mit Kommilitonen noch klären wollen. Ein gutes Kontrollinstrument hinsichtlich der Qualität Ihrer Aufzeichnungen ist die Beantwortung der Übungsfragen. Diese sollten mit

Hilfe Ihrer Aufzeichnungen zu beantworten sein. Schlussendlich sollten Sie Ihre Aufzeichnungen so ablegen, dass Sie diese schnell wieder finden.
Eine besondere Form des Zusammenfassens sind Mitschriebe in Vorlesungen. Insbesondere wenn kein Script vorhanden ist, das nur noch durch einzelne Bemerkungen ergänzt wird, kann ein Mitschrieb sehr aufwändig sein. Die Gefahr hierbei ist, dass man sich nur noch auf das Zuhören und Mitschreiben konzentriert, jedoch inhaltlich nicht mehr folgen kann. Umgekehrt verzichten manche Dozenten jedoch bewusst auf die Ausgabe eines Skriptes (oder geben es erst am Ende aus), da die Studierenden sich dann häufig zu sehr in das Skript vertiefen und nicht mehr bewusst mitarbeiten.
Um möglichst viel Nutzen aus der Vorlesung zu ziehen, sollten folgende Regeln beachtet werden:

- Sofern bekannt ist, welcher Stoff in der nächsten Vorlesung behandelt wird, ist vorab ein Durcharbeiten des TDR oder eines anderweitigen Skriptes sinnvoll. Dadurch erhöht sich das Verständnis für den Vorlesungsstoff und es tritt eine kumulierte Lernwirkung ein (lesen und hören). So können gezielt Fragen gestellt werden, die sich beim Durchlesen des Materials ergeben haben.
- Liegt kein TDR oder Skript vor, müssen wichtige Vorlesungsinhalte mit geschrieben werden. Damit die Konzentration nicht zu sehr auf das Schreiben konzentriert wird, sollten hauptsächlich Stichworte formuliert werden, die in einer zeitnahen Nacharbeit ausformuliert werden können. So nutzen Sie gleichzeitig den Wiederholungseffekt.
- Arbeiten die Dozierenden mit Folien und stehen Ihnen diese nicht zur Verfügung, verzichten Sie darauf, die Folien vollständig abzuschreiben, beschränken Sie sich auch hier auf das Wesentliche.
- Fragen Sie nach Literatur, mit welcher Sie den Stoff selbständig nachbearbeiten können.
- Bitten Sie die Dozierenden, die wichtigsten Punkte auf der Tafel oder auf Overheadfolien zu notieren.

2.6 Lernerfolgskontrollen

Ein berufsbegleitendes Studium basiert auf einem hohen Grad an Eigenverantwortlichkeit. Das betrifft auch die Lernerfolgskontrollen. Da der Anteil an Präsenzveranstaltungen und der Austausch mit Kommilitonen sehr gering sind, müssen Sie Ihren Lernfortschritt selbst kontrollieren. In Ihre TDR sind Lernerfolgskontrollen eingebaut, die Sie auf jeden Fall intensiv und schriftlich durcharbeiten sollten. Das Schreiben zwingt uns, unsere Gedanken in einen

Notizen

sinnvollen und logischen Ablauf zu bringen und zu dokumentieren. Erst der Übergang zu dem was wir „im Kopf“ haben, zu einem in sich geschlossenen und von uns selbst formulierten Text, zeigt auf, ob wir den Lernstoff wirklich verstanden haben. Insofern stellt die schriftliche Beantwortung der Lernfragen auch eine Selbstdiagnose dar. Ebenso ist es eine gute Prüfungsvorbereitung, weil wir auch dort (bis auf die mündlichen Prüfungen) den Lernstoff schriftlich in eigenen Worten wiedergeben müssen. Aus diesen Funktionen resultiert, dass Sie bei der Bearbeitung der Kontrollaufgaben sehr sorgfältig vorgehen müssen.[33]
Folgende Vorgehensweise soll Ihnen dabei helfen, die Lernkontrollfragen methodisch und strukturiert zu beantworten.

1. Analyse der Fragestellung:
Voraussetzung für eine gute Antwort ist das genaue Durchlesen und Erfassen des Frageninhalts. Meistens ergibt sich aus der Fragestellung die Reichweite (Umfang) der Antwort. Da nie der gesamte Inhalt eines Themas mit einer einzigen Frage abgedeckt wird, zielt der Inhalt auf einen bestimmten Punkt, den Sie aus der Fragestellung herauslesen müssen. Es kommt also darauf an, wie in den Prüfungen auch, das zu beantworten, was wirklich gefragt ist, ansonsten ist „das Thema verfehlt“. Sie sollten auch aus der Fragestellung heraus erkennen, ob nur Wissen aufgelistet („Nennen Sie ...“) oder Zusammenhänge erklärt („Erläutern Sie“, ... „Analysieren Sie ...“) werden sollen.

2. Sammeln:
Besonders bei Fragen, die auf eine ausführliche und lange Antwort ausgerichtet sind, ist die Gefahr gross, dass der rote Faden verloren geht und die Beantwortung in einer unstrukturierten Reihenfolge erfolgt. Sie können dies vermeiden, indem Sie zuerst alle wichtige Begriffe, Aspekte und Stichworte sammeln, die für die Beantwortung der Frage notwendig sind. Erstellen Sie daraus eine Gliederung für Ihre Antwort. Versuchen Sie diese Gliederung zuerst ohne Hilfe Ihrer Studienunterlagen zu erstellen.

3. Stichworte strukturieren:
Im nächsten Schritt werden diese Stichworte strukturiert, d. h. in eine sinnvolle Reihenfolge gebracht und darauf aufbauend die Antwort ausformuliert. Auf diese Weise erreichen Sie, dass sich ein Satz logisch aus dem vorhergehen-

33 Vgl. Baumeister, H. P.: Grundlagen des wissenschaftlichen Arbeitens, Steinbeis-Transfer-Instititut Management und Technologie, Stuttgart Filderstadt 2000, S. 27 ff.

Notizen

den ableiten lässt. Erarbeiten Sie sich zunächst die Antworten ohne die Zuhilfenahme Ihrer Unterlagen. Analysieren Sie dabei, wo noch Wissenslücken vorhanden sind.

4. Abgleich mit dem Lernstoff
Nehmen Sie nun wieder Ihre Unterlagen (TDR, eigene Aufzeichnungen ...) zur Hand und schließen Sie die Wissenslücken. Wenn Sie diese Unterlagen nochmals genau vergleichen, wird Ihnen möglicherweise auffallen, dass Ihnen der eine oder andere Inhalt noch nicht ausreichend klar ist oder Sie noch nicht die vollständigen Schlüsse aus dem Inhalt gezogen haben.

5. Anpassung der Gliederung:
Passen Sie Ihre Gliederung an die neuen Erkenntnisse an und vervollständigen Sie Ihre Antworten anhand der neu verarbeiteten Informationen. Manchmal wird es notwendig sein, die Aufgabe wieder ganz neu anzugehen und wieder bei Schritt 1 zu beginnen. Der Aufwand wird sich auf jeden Fall lohnen, denn Ihre Qualität der Aufgabenbearbeitung steigt und die Erkenntnis darüber, was Sie korrigieren mussten, fördert Ihre Gedächtnisleistung.

6. Abschließende Prüfung:
Lesen Sie zum Schluss die Fragestellung nochmals durch und prüfen Sie kritisch, ob Sie wirklich das beantwortet haben, was gefragt war und ob die Antwort logisch, strukturiert und vollständig ist. Prüfen Sie weiterhin, ob Ihre Argumentation plausibel und nachvollziehbar ist.

Wenn Sie diese Reihenfolge beachten, werden Sie nach einer kurzen Eingewöhnungs- und Übungsphase schon bald feststellen, dass Ihre Antworten auf die Lernkontrollaufgaben ein hohes Niveau erreichen. Diese systematische Vorgehensweise bei der Beantwortung der Fragen kann ebenso in Prüfungen aber auch in anderen Situationen, z. B. im Beruf, angewendet werden.
Aufgrund dieser Vorgehensweise kommt es zu einer neuen „Kontextualisierung" des gespeicherten Wissens. Dieser Vorgang ist für die weitere Festigung des Wissens sehr hilfreich, da es den Lernenden ermöglicht, neue Beziehungen innerhalb seiner Wissensstrukturen herzustellen und damit z. B. auch einen anwendungsorientierten Transfer fördert.[34]

Notizen

2.7 Lernen in der Gruppe

Während eines Studiums werden Sie immer wieder in Gruppen arbeiten. Sei es in Form von Fallbeispielen, die Sie während der Präsenzveranstaltung in der Gruppe bearbeiten, in Gruppenprojekten, in gemeinsamen Seminaren oder auch in der bereits mehrfach empfohlenen Lerngruppe. Köder bezeichnet Lernen in der Gruppe auch als „Soziales Lernen", was die besondere Komponente dieser Lernform betont, da hier nicht nur die Lernform sondern auch der zwischenmenschliche Umgang den Lernerfolg beeinflusst.[35] Als Gruppe wird eine Reihe von Personen bezeichnet, die in einer bestimmten Zeitspanne häufig oder regelmäßig zusammentreffen und deren Anzahl so gering ist, dass jede Person mit allen anderen Personen in Verbindung treten kann.[36] Typische Gruppenmerkmale sind u. a. gemeinsame Motive und Ziele, wie z. B. eine gute Prüfungsleistung und gemeinsame Normen.
Um die Chancen der Gruppenarbeit bzw. des Lernens in der Gruppe möglichst optimal zu nutzen und die Risiken zu minimieren, ist die Einhaltung von gewissen Regeln erforderlich (siehe Kapitel 2.7.3).

2.7.1 Chancen der Gruppenarbeit

Die Ausführungen der vergangen Kapitel haben bereits an einigen Stellen direkt oder indirekt die Chancen bzw. Vorteile des Lernens in der Gruppe aufgezeigt. Folgende Auflistung fasst die Vorteile zusammen:

- Nutzung kumulativer Lernkanäle (lesen, hören, diskutieren, selbst erarbeiten)
- Überprüfung des eigenen Kenntnisstandes
- wechselseitige Ergänzung von Kenntnissen, Fähigkeiten, Erfahrungen und Denkstilen, der Lernstoff wird aus verschiedenen Perspektiven betrachtet
- gegenseitige Erklärungen von noch nicht verstandenen Zusammenhängen
- die angewendeten Methoden sind aufgrund einer gemeinsamen Sprachkultur häufig verständlicher
- Abbau von Hemmungen in Bezug auf Fragen oder Meinungsäußerungen, so dass häufig eine fruchtbare Diskussion entsteht

---

34 Vgl. Baumeister, H. P.: Grundlagen des wissenschaftlichen Arbeitens, Steinbeis-Transfer-Instititut Management und Technologie, Stuttgart Filderstadt 2000, S. 33 f.

35 Vgl. Köder, K. W.: Studienmethodik – Selbstmanagement für Studienanfänger, 2. Aufl.; München 1194, S. 57.

36 Vgl. Schneck, O. u. a.: Lexikon der Betriebwirtschaft, 4. Aufl., München 2003, S. 445.

- Entfaltung von Originalität, Spontanität und Kreativität
- Befriedigung sozialer Bedürfnisse nach Kommunikation und Kooperation
- gegenseitige mentale Unterstützung in Phasen von Demotivation oder Lerntiefs und i.d.R. höhere Leistungsfähigkeit aufgrund einer abwechslungsreichen Vorgehensweise
- gute Prüfungsvorbereitung, da z. B. gegenseitiges Abfragen die Prüfungssituation simuliert.

2.7.2 Grenzen und Risiken der Gruppenarbeit

Bei all den aufgeführten Vorteilen einer Gruppenarbeit dürfen auch die Nachteile bzw. Grenzen und Risiken nicht übersehen werden. Nur wenn man sich derer bewusst ist, können diese gesteuert, reduziert oder sogar eliminiert werden.

- Gefahr des Verplauderns, z. B. kann die Diskussion über ein Fußballspiel wesentlich interessanter sein als bestimmte Fachthemen.
- Ungleichmäßiger Profit: Gruppenteilnehmer mit hohen Fachkenntnissen werden meist mehr zur Bearbeitung der Themen beitragen, wie sie an Wissen herausziehen können. Dies führt ggf. zu Demotivation an der Gruppenarbeit oder sogar zu Rückzug aus der Gruppe, der auch mit einem Konflikt enden kann.
- Wenn die Charaktere der Gruppe zu unterschiedlich sind, können gruppendynamische Prozesse oder die Dominanz Einzelner ein positives Gruppenklima zerstören. Beispielsweise übernimmt ein Gruppenmitglied sukzessive die Leitung der Gruppe, ohne dass dies mit den anderen Teilnehmern vereinbart ist.
- Eine fehlende oder mangelhafte Vorbereitung führt dazu, dass das Ziel der Gruppenarbeit nicht erreicht wird und die Motivation für zukünftige Gruppenarbeiten dadurch gefährdet wird.
- Bei berufsintegrierten Studiengängen sind die Wohnorte häufig zu weit auseinander um sich regelmäßig zu treffen.

Notizen

2.7.3 Regeln zur effektiven Gruppenarbeit

Um die Vorteile und Chancen der Gruppenarbeit möglichst optimal auszuschöpfen sowie die Nachteile zu reduzieren, helfen nachfolgende Verhaltensweisen.

- Disziplin und straffe Organisation: Vereinbarung von genauen Arbeitszeiten aber auch von Pausen, in welchen private Themen ihren Platz haben.
- Der Kenntnisstand und die Leistungsfähigkeit der Gruppenmitglieder sollten auf einem ähnlichen Niveau liegen, um zu vermeiden, dass Gruppenmitglieder über- oder unterfordert sind.
- Gruppengröße: hierfür gibt es keine Standardregel, dies hängt von den Themen und den Gruppenmitgliedern ab. Bei einer Größe von fünf bis acht Personen lässt sich i.d.R. gut arbeiten. Zu kleine oder zu große Gruppen können nicht mehr effektiv arbeiten. Im letzten Fall kann es sinnvoll sein, die Gruppe aufzuteilen.
- Festlegung eines „Gruppenleiters“, der für die Einhaltung der Arbeitszeiten, Pausen und Arbeitsdisziplin sorgt. Die Rolle des Gruppenleiters kann von Termin zu Termin wechseln (rollierend). Im Übrigen sind alle Gruppenmitglieder gleichberechtigt.
- Festlegung der Themen bzw. Arbeitsschritte für das nächste Treffen, damit die Gruppenmitglieder sich darauf vorbereiten können und die notwendigen Arbeitsunterlagen mitgebracht werden.
- Treffpunkt an einem Ort mit möglichst wenig Ablenkung. Fragen Sie an der Hochschule nach, ob Ihnen hierfür Besprechungsräume zur Verfügung gestellt werden können.
- Frühzeitige Ansprache von Kritikpunkten um eine Eskalation von Konflikten zu verhindern.
- Regeln zur Zusammenarbeit erstellen, z. B. wie wird Kritik geäußert? Was passiert, wenn jemand zu spät kommt oder ständig vom Thema abschweift? Eine Gruppenharmonie kann jedoch nicht erzwungen werden. Manchmal kann es sinnvoll sein die Gruppe aufzulösen und bei Bedarf mit anderen Teilnehmern wieder aufzubauen.
- Konflikte einzelner Gruppenmitglieder dürfen die Gruppe nicht belasten.
- Bei weit entfernten Wohnorten der Gruppenmitglieder kann es sinnvoll sein, sich weniger häufig aber dafür länger zu treffen.

Bei Einhaltung dieser Empfehlungen werden Sie von dieser Art des Lernens nur profitieren. Gruppenarbeit hat neben der fachlichen auch weitere positive

Lerneffekte, wie z. B. Förderung von Teamkompetenz, Kommunikationsfähigkeiten, Konfliktkompetenz oder die Aneignung von Problemlösungsfähigkeiten. All diese Faktoren können Sie unmittelbar in Ihrem beruflichen Arbeitsbereich einsetzen. Vielleicht fragen Sie sich am Ende dieses Kapitels, warum dann nicht öfters Lerngruppen gebildet werden. Die Frage ist durchaus berechtigt. Häufig liegt es daran, dass niemand die Initiative ergreift oder der organisatorische Aufwand als nicht lösbar angesehen wird. Bei näherer Betrachtung lässt sich aber durch die Festlegung von so genannten Routinen (z. B. immer gleicher Termininterval, Ort, Zeitdauer, Teilnehmer...) dieser Aufwand minimieren. An Interessenten für eine Lerngruppe fehlt es meistens nicht.

2.8 Besondere Lernformen im berufsintegrierten Studium

Ein berufsintegriertes Studium stellt aufgrund seiner speziellen Organisationsform und der Doppelbelastung der Studierenden eine große Herausforderung dar. Die Unterlagen, die Sie von der Hochschule erhalten, sind auf Ihre spezifische Situation ausgerichtet und sollen Ihnen das Lernen erleichtern. Dieses Kapitel zeigt auf, wie Sie die TDR optimal nutzen und welche organisatorischen Maßnahmen den Lernerfolg erhöhen.

2.8.1 Charakter des berufsintegrierten Studiums

Ihr berufsintegriertes Studium unterscheidet sich von einem Präsenzstudium in vielen Bereichen. Es basiert auf einer prinzipiell anderen Grundlage. Die wichtigsten Unterschiede sind:

- Die Zahl der Präsenzveranstaltungen (Seminare) ist relativ niedrig.
- Die Veranstaltungen finden meist an keiner Hochschule sondern in Kooperation mit anderen Bildungseinrichtungen bzw. Seminarhotels statt.
- Im Studium ist ein hoher Selbststudienanteil vorgesehen.
- Ein Campus-Charakter fehlt, d. h. die Studierenden halten sich nur an den Präsenzwochenenden im Schulungsgebäude auf, ansonsten findet kein Zusammentreffen der Studieren statt (z. B. in Vorlesungslücken, in der Bibliothek, zu abendlichen Studentenfesten...).
- Die einzelnen Lehrveranstaltungen verteilen sich nicht auf das gesamte Semester sondern werden geblockt.
- Die Prüfungen erfolgen nicht am Ende eines Semesters sondern zeitnah an die Lehrveranstaltung.

Notizen

Der wichtigste Unterschied besteht jedoch darin, dass Sie berufstätig sind und das Studium zusätzlich bewältigen müssen. Abgesehen von der weit aus weniger zur Verfügung stehenden Zeit, haben Sie sich häufig noch mit beruflichen Problemen auseinanderzusetzen, die Ihre Energie beanspruchen. Dennoch ist das Studium so aufgebaut, dass Sie es mit einem gewissen Engagement und Durchhaltevermögen gut bewältigen können. Da Sie teilweise schon vor einer gewissen Zeit Ihre Schulbildung abgeschlossen haben, benötigen Sie zu Beginn vermutlich noch eine gewisse Eingewöhnungszeit und Sie müssen das Lernen wieder lernen. Die Lektüre dieser TDR ist in diesem Fall umso wichtiger.

2.8.2 Umgang mit den Transfer-Dokumentation-Reports

Die TDR stellen das Hauptmedium für Ihren Wissenserwerb dar. Sie werden speziell für die Studierenden der Steinbeis-Hochschule Berlin erstellt und von Autoren, die ausnahmslos als erfahrene Hochschullehrer tätig sind, verfasst. Dadurch sind sie auf die Belange dieser Zielgruppe ausgerichtet. Das Durcharbeiten der TDR hat folgende Zielsetzung:

- Aneignung von theoretischem Basiswissen und Methoden zu den jeweiligen Fachgebieten.
- Vorbereitung auf die Seminare.
- Praktischer Transfer von theoretischem Wissen auf das zu bearbeitende Projekt in Ihrem Unternehmen. Im Falle dieses TDR erfolgt der Transfer nicht auf Ihr Unternehmen bzw. Projekt sondern direkt auf Ihr Studium.
- Aktive Wissensanwendung.

Neben der reinen Wissensvermittlung enthält jeder TDR auch Selbstkontrollaufgaben. Versuchen Sie die Aufgaben relativ zeitnah nach dem Durcharbeiten zu bearbeiten (siehe Kapitel 2.6). Können Sie die Aufgabe nicht selbstständig lösen, besprechen Sie diese an der Präsenzveranstaltung mit Ihren Kommilitonen und/oder dem Dozenten. Unabhängig ob Sie die Aufgaben nun vor oder nach dem Termin bearbeiten, der TDR sollte grundsätzlich vor der Präsenzveranstaltung durchgearbeitet werden, denn nur so werden Sie den maximalen Nutzen aus diesen zwei Tagen ziehen können. Durch die Verknüpfung des bereits erlernten Wissens mit den Ausführungen des Dozenten oder durch die Anwendung in Fallbeispielen und Übungsaufgaben aktivieren Sie Ihre Gedächtnisleistung (siehe Kapitel 2.3.1). Ein weiterer Vorteil besteht darin, dass Sie offene Fragen, Unklarheiten oder auch gegensätzliche Erfahrungen aus Ihrem beruflichen Bereich klären bzw. diskutieren können.

Tipp: Reservieren Sie sofort nach Erhalt der Seminartermine die erforderliche Zeit für das Bearbeiten des TDR in Ihren Kalender.

Notizen

2.8.3 Organisation des berufsintegrierten Studiums

Entsprechend den Besonderheiten eines berufsintegrierten Studiums bedarf es einer speziellen Organisation des Lernens. Zum einen müssen Sie bis auf die Präsenztermine Ihre Lernzeiten selbst festlegen. Weiterhin müssen Sie die wenige Zeit, die Ihnen neben Ihrer Berufstätigkeit zur Verfügung steht, möglichst optimal nutzen. Gerade der Zeitfaktor wird von vielen Studierenden als das Hauptproblem angesehen. Für die Bewältigung dieses Problems gibt es keine Musterlösung. Jeder muss für sich individuell seinen Weg finden. Das Kapitel Selbstmanagement am Ende des TDR (siehe Kapitel 5) soll Ihnen aber hierfür Unterstützung bieten. Sie lernen dabei richtig Ziele zu setzen, zielfördernd zu planen, Prioritäten zu setzen, Ihre Zeitdiebe zu finden und vieles mehr.

Wichtig ist, dass Sie Ihren eigenen Rhythmus finden. Dies wird vermutlich ein paar Wochen dauern, geben Sie also nicht sofort wieder auf, wenn Sie nicht von Anfang an optimal organisiert sind. Gerade in Ihrem Fall können keine Richtvorgaben gemacht werden, wieviel Zeit für die Bearbeitung eines TDR benötigt wird, da Ihre berufliche Ausbildung und Erfahrung einen wesentlichen Einfluss darauf nimmt, wie intensiv Sie Ihre Studienunterlagen durcharbeiten müssen.

Bei Ihrer Zeiteinteilung dürfen Sie Ihre sozialen Kontakte (Familie, Freunde) nicht völlig ausschließen. Es wird zwar nicht zu vermeiden sein, dass die gemeinsamen Zeiten während des Studiums reduziert werden, aber Sie können auf keinen Fall völlig darauf verzichten. Auch Sie werden zwischendurch eine Auszeit und Abwechslung benötigen und umgekehrt kann Ihr soziales Umfeld nicht gänzlich auf Sie verzichten. Es ist sicherlich nicht in Ihrem Sinne, wenn Sie nach dem Studium einen hervorragenden Abschluss gewonnen, aber dafür Freunde und Familie verloren haben. In der Konsequenz bedeutet dies, dass Sie diese „privaten" Zeiten genauso selbstverständlich mit einplanen, wie die Vorbereitung auf eine Prüfung.

Um die wenige zur Verfügung stehende Zeit möglichst effektiv zu nutzen, sollten folgende Lern-Aspekte berücksichtigt werden.

- Variieren Sie Ihre Lernformen und schaffen Sie Abwechslung, indem Sie z. B. zwischendurch Aufgaben lösen oder im Internet zu dem Thema recherchieren. Dadurch beugen Sie einer schnellen Müdigkeit vor.

Notizen

- Tritt dennoch eine Müdigkeit ein, bringt es nichts, sich durchzuquälen und weiter zu lernen. Gönnen Sie sich eine halbstündige Ruhephase oder einen Spaziergang an der frischen Luft. Wenn Sie danach wieder mit voller Leistung weiterarbeiten können, dann lässt sich die Pausenzeit leicht verkraften.
- Pausen sollten aber nicht erst bei Müdigkeitserscheinungen, sondern regelmäßig nach bestimmten Lernzeiten eingelegt werden. Empfohlen werden eine Pause von 5 – 10 Minuten nach einer Stunde und eine längere Pause (60 – 90 Minuten) nach drei bis vier Stunden.
- Prüfen Sie, welche Tageszeit für Sie die beste Lernzeit ist. Diese hängt von Ihrer persönlichen Leistungs- und Störkurve (siehe Kapitel 5.3.5) und Ihrer Konzentrationsfähigkeit ab. Auch das Umfeld nimmt Einfluss auf Ihre Lernzeit. Sicherlich werden Sie ungestörter arbeiten können, wenn ggf. Ihre Kinder bereits schlafen oder bestimmte Lärmpegel wie z. B. Baustellen nachlassen.
- Verplanen Sie Ihre Zeit, die Sie für das Studium zur Verfügung haben, nicht komplett und bauen Sie Puffer ein. Unvorhersehbare Unterbrechungen, wie Krankheit, Überstunden, familiäre Probleme usw. lassen sich nicht vermeiden. Der prozentuale Pufferanteil sollten Sie zu Beginn durch die Analyse Ihrer unerwarteten Vorkommnisse entsprechend festlegen.

Versuchen Sie diese Regeln individuell auf Ihre Belange und persönliche Lernsituationen bzw. Lerngewohnheiten anzuwenden. Seien Sie flexibel und ändern Sie auch mal eine Strategie, wenn Sie merken, dass die Lerntheorie zwar einen guten Ansatz bietet aber für Sie nicht geeignet ist.[37]

Trotz perfekter Lernorganisation werden sich dennoch Durchhänger nicht vermeiden lassen. Bei den meisten Studierenden kommt der Punkt, an dem Zweifel über die Richtigkeit der Studienentscheidung aufkommt oder Sie das Gefühl haben, dass Sie dem „workload" nicht mehr gewachsen sind. Diese Phasen sind völlig normal und kurze Auszeiten helfen oft schon darüber weg. Bei größeren Krisen sollten Sie zum einen das Gespräch mit Kommilitonen suchen, denn diese können oft aus eigener Erfahrung wertvolle Tipps geben und durch verständnisvolles Zuhören bereits den Druck aus der Situation nehmen. Zum anderen stehen Ihnen auch Vertreter der Hochschule für Gespräche zur Verfügung, die mit Ihnen gemeinsam nach Lösungen suchen,

[37] Vgl. Baumeister, H. P.: Grundlagen des wissenschaftlichen Arbeitens, Steinbeis-Transfer-Institutit Management und Technologie, Stuttgart Filderstadt 2000, S. 17.

Notizen

damit Sie das Studium bewältigen können, z. B. wenn sich Ihre persönliche Situation verändert hat.

2.9 Zusammenfassung

Der Erfolg Ihres Studiums hängt neben vielen anderen Faktoren auch von Ihrer Lernfähigkeit ab. Daher ist es wichtig, dass Sie sich Methoden und Fähigkeiten aneignen, mit welchen Sie Ihre persönliche Lernfähigkeit verbessern können. Während des Lernprozesses sollten die rechte und linke Gehirnhälfte möglichst optimal zusammen arbeiten und effizient hin- und herschalten können. Dadurch lässt sich der Lerneffekt stark verbessern.

Die Gedächtnisleistung lässt sich steigern, indem z. B. die Lernform an den eigenen Lerntyp angepasst wird. So kann z. B. ein visueller Lerntyp den Lernstoff am besten über Bilder, Graphiken u. ä. aufnehmen. Generell sollten jedoch möglichst alle Lernkanäle genutzt werden. Die Behaltensleistung des Gehirns kann weiterhin gefördert werden, in dem der Stoff mehrfach wiederholt wird und Störfaktoren, wie z. B. hoher Lärmpegel ausgeschaltet werden.

Eine hohe Motivation trägt ebenfalls zu unserem Lernerfolg bei, wobei unterschieden wird zwischen der Motivation, die vom Inneren des Menschen ausgeht (intrinsisch) und der Motivation, die aus dem sozialen Umfeld der Person stammen (extrinsisch).

Im Rahmen Ihres Studiums haben Sie viel Literatur, vor allem TDR zu lesen. Da Ihre Zeit begrenzt ist, ist die Anwendung einer effektiven Lesetechnik unumgänglich. In diesem Kapitel haben Sie die SQ3R-Lesetechnik kennengelernt. Grundsätzlich ist wichtig, dass Sie den Lernstoff bewusst aufnehmen und verarbeiten, in dem Sie beispielsweise überlegen, wie Sie den gelernten Inhalt auf Ihre persönliche Situation, z. B. an Ihrem Arbeitsplatz anwenden können. Mit den Lernerfolgskontrollen können Sie überprüfen, ob Sie den gelernten Stoff verstanden und behalten haben.

Lerngruppen sind für die Verarbeitung des Lernstoffes ebenfalls gut geeignet, da alle Lernkanäle beteiligt werden. Um den Lerneffekt zu optimieren, sollte die Gruppenarbeit nach festen Regeln durchgeführt werden, wie z. B. Vorbereitung auf die Gruppentermine und Festlegung einer Gruppenleitung.

Es wird schwer sein, alle die in diesem Kapitel vorgeschlagenen Ratschläge sofort komplett anzuwenden. Versuchen Sie deshalb Schritt für Schritt, die für Sie geeignetsten Methoden herauszufinden, anzuwenden und zu optimieren.

Notizen

3 Prüfungsbewältigung

Prüfungen sind ein elementarer Bestandteil des Studiums. Sie werden häufig als besondere zusätzliche Belastung angesehen und versetzen uns in eine gewisse Aufregung. Der Prüfungserfolg hängt dabei vor allem von der Prüfungsvorbereitung und der Bewältigung der Prüfung selbst ab. Dieses Kapitel zeigt auf, wie Sie sich z. B. mit einem guten Zeitmanagement optimal auf eine Prüfung vorbereiten können und welche Verhaltensweisen an der eigentlichen Prüfung hilfreich sind.

3.1 Prüfungsvorbereitung

Viele Prüfungssituationen sind dadurch gekennzeichnet, dass gleichzeitig mehrere Prüfungen anstehen und die Zeit für die Prüfungsvorbereitung sehr knapp bemessen ist. Dieser Effekt wird im berufsintegrierten Studium noch durch die berufliche Belastung verstärkt. Um die Prüfungsvorbereitung zu optimieren, müssen zum einen alle prüfungsrelevanten Informationen berücksichtigt und die verfügbare Zeit optimal eingeteilt werden.

3.1.1 Informationen zu den Prüfungen

Wie im Berufsleben, so ist auch bei Prüfungen eine gute Planung bereits ein großer Teil des Erfolgs. Aber gerade dies fällt vielen Studierenden schwer, da Sie nicht oder nicht genau wissen, welche Prüfungsfragen auf Sie zukommen. Für die Prüfungsvorbereitung ist es hilfreich, wenn der Prüfungsstil des entsprechenden Prüfers bekannt ist. Als Prüfungsstil wird die Art und Weise der Prüfungsfragen bezeichnet, dazu gehören z. B.:

- Sind Multiple-Choice-Fragen enthalten und wenn ja in welchem Umfang?
- Werden eher einzelne Fragen gestellt oder mehrere Fragen zu einem Themenkomplex zusammengefasst?
- Müssen Fallbeispiele bearbeitet werden?
- Sind die Fragen ausführlich oder stichwortartig zu beantworten?

Antworten auf diese Fragen erhalten Sie von den Dozierenden, die diese i.d.R. gerne beantworten. Eher unbeliebt dagegen sind die Fragen, ob Stoffgebiete eingegrenzt werden. Wenn Sie diese Frage positiv formulieren, d. h. nach „Prüfungsschwerpunkten" fragen, ist die Chance auf eine Antwort wesentlich höher. Aber auch ohne Hilfe des Dozierenden ist es möglich, ein Gefühl für potenzielle Prüfungsfragen zu bekommen, da es bei jedem Prüfungsstoff typische Fragestellungen gibt.

TIPP:
Setzen Sie sich nach Bearbeitung des Prüfungsstoffs mit Kommilitonen zusammen und prüfen Sie sich gegenseitig ab. In der Person des Prüfers werden Sie schnell merken, dass bestimmte Inhalte für Fragen prädestiniert sind. Gleichzeitig haben Sie den wertvollen Effekt, dass Sie als Prüfling den Stoff nochmals intensiv bearbeiten und offene Fragen in der Lerngruppe diskutieren und klären können. Der in der Lerngruppe bearbeitete Stoff wird Ihnen deutlich mehr im Gedächtnis bleiben, da Sie mehrere Sinneskanäle aktiviert haben.

Notizen

3.1.2 Zeitplanung in der Prüfungsvorbereitung

Projektmanagement ist auch für die Prüfungsvorbereitung ein hilfreiches Instrument. Sobald die Prüfungstermine bekannt sind, kann der Projektplan erstellt werden. Es ist zu empfehlen, einen detaillierten Lernplan zu erstellen, der folgende Komponenten enthält:

- Tag und Uhrzeiten
- Prüfungsstoff (z. B. Bücher, Skripte, ergänzende Unterlagen)
- Art der Prüfungsvorbereitung (z. B. Lesen, intensives Lernen, Lerngruppe, Wiederholung).

Beispiel:

Tag	**Uhrzeit von bis**	**Prüfungs-fach**	**Prüfungs-stoff**	**Seite von bis**	**Lernform**
01.07.	09:00 – 11:00	BWL	TDR	1 – 25	Lesen/einüben
	11:15 – 13:00	BWL	TDR	1 – 15	Bearbeiten Übungsaufgaben
	14:00 – 16:00	Organisation	Buch	1 – 20	Einlesen, kurze Zusammenfassung skizzieren

Tab. 5: Muster Prüfungsvorbereitungsplan

Bei der Planerstellung ist zu berücksichtigen, dass die tägliche Lernkapazität eines Menschen begrenzt ist und sich die meisten Menschen eher zuviel vornehmen. Planen Sie deshalb eher vorsichtig und planen Sie Puffer mit ein. An

Notizen

den letzten zwei Tagen vor der Prüfung sollten Sie in dem entsprechenden Fachgebiet Zeit für Abfragen und Wiederholungen einplanen und keinen neuen Stoff mehr lernen. Aus dieser Vorgehensweise ergibt sich, dass der Plan nach Möglichkeit per Rückwärtsrechnung erstellt wird. d. h. ausgehend vom Prüfungstag wird der erforderliche Zeitaufwand eingeschätzt, auf die Tage verteilt und so ergibt sich der Tag, an dem mit der Prüfungsvorbereitung begonnen werden sollte. Steht der Prüfungstermin erst kurzfristig fest, sollte vom frühstmöglichen Prüfungstermin ausgegangen werden.[38]
Es empfiehlt sich, bei der Abarbeitung des Plans den tatsächlichen Zeitbedarf zu notieren um bei zukünftigen Planerstellungen die Lernkapazität bzw. den Zeitbedarf besser einschätzen zu können.
Der Prüfungsvorbereitungsplan hat mehrere Vorteile:

- Der zu Vorbereitungsbeginn als Berg erscheinende Prüfungsstoff wird in kleine Einheiten aufgeteilt und der Einstieg wird somit erleichtert.
- Sofern der Plan realistisch ist und eingehalten wird, kann sichergestellt werden, dass der Prüfungsstoff auch komplett bearbeitet wird.
- Die Aufteilung in kleine realistische Zeiteinheiten für das jeweils festgelegte Lernpensum zeigt auf, ob die vorgesehene Vorbereitungszeit ausreicht oder ob noch Anpassungen notwendig sind.
- Die Einhaltung des Plans stellt sicher, dass auch ungeliebte Lernthemen den notwendigen Zeitbedarf eingeräumt bekommen.
- Der Plan erleichtert die Abstimmung mit den beruflichen und privaten Terminen.

3.2 Prüfungsbewältigung

In einem Studium werden Sie mit unterschiedlichen Arten von Prüfungen konfrontiert. Die meisten Prüfungen erfolgen in schriftlicher Form, wobei auch hier verschiedene Frageformen, wie z. B. Wissensabfragen, Fallbearbeitung etc. bestehen. Die folgenden Kapitel sollen Ihnen helfen, die schriftlichen Prüfungen wie auch die mündliche Abschlussprüfung bestmöglich zu bewältigen und die Prüfungsängste zu reduzieren.

3.2.1 Schriftliche Prüfungen

Die klassische Prüfung ist die schriftliche Prüfung bzw. Klausur. Ziel dieser Prüfung ist es, innerhalb einer vorgegebenen Zeit das angesammelte Wissen

[38] Vgl. Schuster, M.: Für Prüfungen lernen – Strategien zur optimalen Prüfungsvorbereitung, Göttingen 2005, S. 10.

wiederzugeben, problemorientiert anzuwenden und umzusetzen. Vorab sollten Sie mit den Dozierenden klären, welche Hilfsmittel in welcher Form (z. B. unkommentierte Gesetzestexte) zugelassen sind. Diese Hilfsmittel sind häufig mit Einschränkungen versehen. So dürfen meist nur bestimmte Taschenrechner (z. B. keine Mobiltelefone mit Rechnerfunktion) verwendet werden oder Gesetzestexte dürfen zwar Querverweise oder Markierungen aber keine Bemerkungen enthalten. Die Verwendung von unzulässigen Hilfsmitteln führt evtl. zur Wertung als Täuschungsversuch aber auch schon ein Verwendungsverbot kann Ihre Prüfung negativ beeinflussen.
Bei den Prüfungsformen wird unterschieden in die Fragen-Klausur und in Fallstudien. Im ersten Fall müssen einzelne Fragen beantwortet werden. Es wird hauptsächlich Wissen abgefragt. Bei Fallstudien wird i.d.R. ein Fall aus der betrieblichen Praxis vorgegeben, mit dem Ziel eine Situation zu analysieren, zu beurteilen, das erlernte Wissen anzuwenden und für einen konkreten Fall umzusetzen. Als Ergebnis wird eine entsprechende Lösung oder Entscheidung erwartet. Fragen-Klausuren und Fallstudien werden teilweise auch kombiniert.
Empfehlungen für die Bearbeitung von schriftlichen Prüfungen:

1. Lesen Sie erst alle Fragen ausführlich durch, bevor Sie mit der Beantwortung beginnen. So können Sie inhaltlich ähnliche Fragen voneinander abgrenzen und ersparen sich Zeit, in dem Sie Doppelantworten vermeiden. Weiterhin erhalten Sie einen Überblick über den Umfang und den Schwierigkeitsgrad der Aufgaben.

2. Beginnen Sie zum Einstieg mit einer leichten Frage, vor allem dann, wenn das flaue Prüfungsgefühl noch nicht abgeflacht ist.

3. Setzen Sie Prioritäten: Sofern erkennbar ist, wieviel Punkte eine Aufgabe ergibt, beantworten Sie erst die Aufgaben mit einer hohen Punktezahl. Die Punkteverteilung gibt Ihnen auch Hinweise für Ihre Zeiteinteilung.

4. Lesen Sie die Fragen ausführlich durch und markieren Sie die Schlüsselwörter. Beachten Sie auch die Nuancen in der Aufgabenstellung: z. B.
   - „Nennen Sie ...“: Hier müssen die Begriffe nur genannt und nicht näher erläutert werden.

Notizen

- „Erläutern Sie ...“: Hier muss zu der Frage ausführlicher Stellung bezogen werden.
- „... stichwortartig ...“: Hier sind keine ganzen Sätze, sondern nur zentrale Stichworte gefragt.

5. Bei komplexen Fällen ist eine kurze Gliederung zur Strukturierung der Bearbeitung sehr hilfreich. Dadurch schaffen Sie einen roten Faden und erhöhen die Qualität Ihrer Lösung. Ein kurzes Brainstorming unterstützt den Prozess. Evtl. gibt auch die Fragestellung schon eine gewisse Struktur vor, an die Sie sich halten können. Je nach Aufgabenumfang kann es sinnvoll sein, die Gliederung mit Zeitvorgaben zu versehen um nicht an bestimmten Punkten zu sehr auszuschweifen.

6. Prüfen Sie die Problemstellung in Fallbeispielen sehr sorgfältig, damit Sie nicht am Thema vorbei schreiben. Je nach Fallbeispiel ist die Problemstellung bereits definiert und Sie können sofort in den Lösungsprozess einsteigen. Im anderen Fall ist die Problemstellung erst aus dem Sachverhalt zu analysieren. Das Problem muss definiert, konkretisiert und eingegrenzt werden. Ggf. ist es sinnvoll, das Gesamtproblem in Teilprobleme zu zerlegen. Im anschließenden Problemlösungsprozess werden die potenziellen Lösungswege diskutiert und schließlich wird mit detaillierter Begründung der bestmögliche Lösungsansatz festgelegt.

7. „Qualität vor Quantität“: Dies gilt sowohl für Fragen- wie auch Fallbearbeitungen. Versuchen Sie nicht, irgendwas zu schreiben, nach dem Motto „etwas wird schon stimmen“, sondern verwenden Sie die Zeit besser zur Beantwortung der weiteren Fragen oder nochmaligen Durchsicht Ihrer bereits erstellten Lösungen.

8. Haken Sie beantwortete Fragen auf dem Aufgabenblatt ab und prüfen Sie am Ende nochmals, ob alle Fragen beantwortet wurden. Nutzen Sie die restliche Zeit für ein nochmaliges Durchlesen und prüfen Sie, ob Sie wirklich das beantwortet haben, was gefragt wurde und ob alle Antworten leserlich und unmissverständlich sind.

9. Zum guten Schluss: Vermeiden Sie im Anschluss an die Prüfung Diskussionen mit Ihren Kommilitonen über die Lösungsansätze. Waren Sie bis dahin noch sicher, alle Fragen richtig beantwortet zu haben,

Notizen

werden Sie spätestens jetzt wieder verunsichert. Dies schafft erstmal unnötigen Frust und blockiert Sie in der Vorbereitung für die weiteren Prüfungen.

3.2.2 Verteidigung/Abschlussprüfung

Zum Abschluss Ihrer akademischen Prüfung erfolgt die mündliche Verteidigung der Bachelor-Thesis, was eine weitere Herausforderung für viele Studierende darstellt. Die verstärkte Prüfungsangst resultiert zum einen daraus, dass die Studierenden den Prüfern direkt gegenüber sitzen und dass die Fragen unverzüglich beantwortet werden müssen. Der Prüfling kann also nicht, wie bei schriftlichen Prüfungen, die Reihenfolge der Beantwortung selbst bestimmen und noch in Ruhe darüber nachdenken. Konkret können folgende Ängste beobachtet werden:

- Angst, sich vor den Anwesenden (Prüfer, Kommilitonen, ggf. Zuhörer) zu blamieren.
- Angst, einen „Blackout“ zu haben oder während der Beantwortung stecken zu bleiben.
- Angst, auf Fragen umgehend und ohne große Bedenkzeit antworten zu müssen.
- Angst vor höhergestellten Personen wie Professoren bzw. vor Prüfern, die man nicht kennt.
- Angst davor, dass der Prüfer die Wissenslücken sofort entdeckt und dann das Thema nicht mehr wechselt.

Um diese besondere Prüfungssituation besser zu meistern, gibt es kein Patentrezept, aber folgende grundsätzlichen Empfehlungen können eine Hilfestellung geben. Im Rahmen der Prüfungsvorbereitung ist es sehr wichtig, dass Sie nicht alleine lernen, sondern dass Sie sich gegenseitig abfragen oder dies durch Familienangehörige erfolgt. Sie üben so, spontan zu antworten und bekommen ein Gefühl dafür, den Prüfungsstoff verbal wiederzugeben. Informationen über den Fragestil (z. B. Tiefe oder Breite) können ggf. bei Kommilitonen höherer Semester oder direkt bei den Prüfern eingeholt werden. Solange Sie nicht konkret nach dem Prüfungsstoff, sondern nur nach dem Prüfungsstil fragen, sind die Prüfer meist auch gerne dazu bereit, Ihnen Auskunft zu geben.
Während der Verteidigung/Abschlussprüfung ist es sehr wichtig, ruhig zu bleiben. Auch dies ist erlernbar, z. B. mit autogenem Training oder anderen Entspannungsübungen. Ruhe bewahren bedeutet auch, nicht sofort in Panik zu

Notizen

verfallen, wenn Sie eine Frage nicht spontan in der erwünschten Form beantworten können. Hier kann es helfen, sich erst einmal innerlich zu sammeln und die Antwort vorzustrukturieren. Die Sekunden zum Nachdenken werden Ihnen länger vorkommen als den Prüfern, lassen Sie sich also nicht unter Druck setzen, auch wenn die Blicke auf Sie gerichtet sind. Lassen Sie den Prüfer ausreden und beachten Sie auch hier die Fragestellung (nennen, erläutern ...). Während der Beantwortung werden Prüflinge häufig durch die Protokollierung des Beisitzers verunsichert, aber denken Sie daran, dass auch korrekte Antworten aufgezeichnet werden. Lassen Sie sich dadurch und durch die ernsten Blicke der Prüfer nicht aus der Ruhe bringen.
Haben Sie eine Frage nicht ganz verstanden, ist es legitim nochmals nachzufragen, z. B. „Habe ich Sie richtig verstanden, dass ...". Das gibt Ihnen nochmals kurz Zeit über die Antwort nachzudenken. Sollte es Ihnen gleich von Anfang an klar sein, dass Sie die Frage nicht beantworten können, stehen Sie zu dieser Wissenslücke und bitten um die nächste Frage. Ein mühsames „Drumherumreden" kostet nur Zeit und hinterlässt einen negativen Eindruck. Üblicherweise werden Sie aber die Antwort kennen und nun kommt es darauf an, diese entsprechend Ihrem Wissen vorzutragen. Beantworten Sie die Fragen ruhig und ohne zeitliche Hast und halten Sie möglichst Blickkontakt mit den Prüfern. Sollten Ihnen bestimmte Begriffe nicht einfallen, was in dieser speziellen Situation häufig vorkommt, dann versuchen Sie, den Zusammenhang zu umschreiben.
Geschickte Prüflinge schaffen es manchmal, durch die Beantwortung einer Frage, die Prüfer in eine erwünschte Richtung zu lenken, in dem z. B. ein Stichwort aus dem Themenkreis genannt wird. Hier ist allerdings Vorsicht geboten. Die Prüfer sind i. d. R. prüfungserfahrener als Sie und werden einen offensichtlichen „Lenkungsversuch", erkennen und ggf. auf andere Themen zurückgreifen.
Übrigens: Die Verteidigung/Abschlussprüfung stellt im Studienverlauf etwas Besonderes dar und das sollte sich auch in der Wahl Ihrer Garderobe spiegeln.

3.3 Prüfungsängste

Prüfungsangst ist ein weit verbreitetes und als behindernd empfundenes Phänomen. Verstärkt wird dieses Gefühl durch die heutige Leistungsgesellschaft, in der zukünftige Karrieren und damit verbundene Lebenswege von Prüfungsergebnissen abhängen. Dies beginnt bereits vor dem Studium, denn häufig entscheidet der Notendurchschnitt vorhergehender Schulen darüber, ob der Zugang zu den erwünschten Berufswegen möglich ist.

Notizen

Grundsätzlich kann unterschieden werden in die „normale Angst“, die bei allen Prüflingen zu spüren ist; die „begründete Angst“, die vor allem aufkommt, wenn man sich nicht besonders gut vorbereitet fühlt und die „phobische Angst“ (unbegründete Angst), die unverhältnismäßig stark ausgeprägt ist. Die Gedanken an die bevorstehende Prüfung rufen dabei ganz unterschiedliche körperliche Symptome hervor, wie z. B. Herzrasen, flauer Magen, nervöser Durchfall etc. Diese Beschwerden wirken sich auf die Prüfungsleistung negativ aus.[39]

Zum Abbau dieser Prüfungsängste gibt es kein allgemeingültiges Rezept. Jeder Studierende muss seinen eigenen Weg finden, wie er mit Prüfungsängsten umgeht. Manchen hilft es noch kurz vor der Prüfung zu lernen, andere werden dadurch noch nervöser. Folgende Methoden können dazu beitragen, die Prüfungsängste zu reduzieren:

- Eine gute Vorbereitung hilft Selbstbewusstsein aufzubauen. Besonders die bereits empfohlene Prüfungssimulation in einer Lerngruppe hilft, sich mit der gefürchteten Situation vertraut zu machen.
- Konzentrations- und Entspannungsübungen kurz vor der Prüfung oder bei auftauchenden Schwierigkeiten während der Prüfung bauen Stress ab.
- Lernen, mit den Ängsten umzugehen: Machen Sie sich bewusst, dass diese Ängste völlig normal sind und zu jeder Prüfung dazu gehören. Untersuchungen haben gezeigt, dass ein gewisses Maß an Aufgeregtheit die Leistungsfähigkeit aufgrund höherer Adrenalinausschüttung sogar steigert.
- Auch eine falsche Ernährung kann die Prüfungsängste noch verstärken, z. B. ein schwer verdauliches Frühstück oder zuviel Koffein. Werden die Prüfungsängste so stark, dass sie ganz offensichtlich die Leistung einschränken, ist es ratsam, professionelle Hilfe (z. B. Lernpsychologen) in Anspruch zu nehmen. Die Kosten werden meist von der Krankenkasse übernommen.

39 Vgl. Fliegel, Steffen: Prüfungsangst, http//www.arbeitsblaetter.stangl-taller.at/EMOTION/Pruefungsangst.html; 10.08.2006.

Notizen

3.4 Zusammenfassung

Prüfungen, ob schriftlich oder mündlich, sind ein wichtiger Bestandteil eines jeden Studiums, trotzdem sind sie bei den Studierenden sehr unbeliebt. Um diese Herausforderung erfolgreich zu bewältigen, gibt es zahlreiche „Prüfungsstrategien“, die hier vorgestellt wurden. Ein bedeutender Erfolgsfaktor stellt die Prüfungsvorbereitung dar. Auf Basis der Informationen über Prüfungsstoff und Prüfungsstil muss der Prüfungsstoff bewältigt werden. Neben dem klassischen „Lernen“ tragen Lerngruppen und gegenseitiges Abfragen wesentlich dazu bei, den Prüfungsstoff zu festigen und sich auf die Prüfungssituation einzustellen.

Bei der Bearbeitung von schriftlichen Prüfungen ist es sehr wichtig, die Fragestellungen gut durchzulesen und die Antworten zu strukturieren. Dies gilt vor allem bei umfangreichen Fragen oder der Bearbeitung von komplexen Fällen. Mündliche Prüfungen (z. B. die Verteidigung der Bachelor-Thesis) stellen eine weitere Herausforderung dar. Auch hier helfen gewisse Strategien, wie z. B. Informationsbeschaffung über Ablauf und Prüfungsstil, gegenseitiges „Abprüfen“ im Vorfeld und während der Prüfung die Beantwortung der Fragen in ruhiger und vorstrukturierter Form.

Die beste Strategie wird aber nicht verhindern können, dass sich spätestens kurz vor Prüfungsantritt die Prüfungsängste bemerkbar machen. Ein gewisser Grad an Aufregung ist sogar leistungsfördernd, ein zuviel wiederum kann Ihre Leistung aber stark einschränken. Es gibt verschiedene Ansatzmöglichkeiten, an diesen Ängsten zu arbeiten, jedoch muss jeder für sich selbst austesten, welches der beste Weg für ihn ist. Allgemeingültige Lösungen zum Abbau von Prüfungsängsten gibt es nicht. Von der unkontrollierten Einnahme von Psychopharmaka wird dringend abgeraten.

4 Anfertigung von wissenschaftlichen Arbeiten

Notizen

Das Anfertigen von wissenschaftlichen Arbeiten ist ein fester Bestandteil eines jeden Studiums. Dabei sind bestimmte inhaltliche aber auch formale Kriterien zu beachten, die in diesem Kapitel ausführlich behandelt werden. Ergänzend erfolgt ein kurzer Abriss über die Integration empirischer Studien.

4.1 Arten von wissenschaftlichen Arbeiten

Es wird unterschieden in:

Transfer-Reports: Die BBA-Studierenden der Steinbeis-Hochschule Berlin haben im Laufe ihres Studiums mehrere Transferreports aus selbst gewählten Fächern zu schreiben. In diesem Transferreport soll der Studierende aufzeigen, wie er das gewählte Thema (z. B. Organisation) zum einen auf sein Projekt und auch generell in seinem Unternehmen umsetzen kann. Weitere Hinweise zu den Transferreports (Inhalt, Umfang etc.) finden Sie in der zu Beginn des Studiums ausgegebenen Info-Mappe.

Studienarbeit: Diese Arbeit ist neben der Bachelor-Thesis die wichtigste schriftliche Prüfungsarbeit. Sie umfasst die theoretische Untersuchung eines vom Studierenden selbst gewählten Themas. Das Thema wird vom Prüfungsausschuss genehmigt. Die Studienarbeit umfasst ca. 30 Seiten. Form und Aufbau dieser Arbeiten müssen uneingeschränkt den Regeln des wissenschaftlichen Arbeitens entsprechen. Der Studierende hat selbständig die notwendige Literatur zu ermitteln und zu beschaffen. Die Qualität und Quantität der verwendeten Literatur fließt mit in die Bewertung ein.

Bachelor-Thesis: Diese Art von wissenschaftlicher Arbeit stellt ein wichtiger Bestandteil der Bachelor-Prüfung dar. Es wird geprüft, ob der Studierende in der Lage ist, innerhalb einer vorgegeben Zeit ein bestimmtes Thema wissenschaftlich zu bearbeiten. Das Thema wird vom Studierenden selbst gewählt und durch den Prüfungsausschuss bestätigt. Sowohl die Zeitvorgabe aber auch die meist vorgegebene Begrenzung auf ca. 80 Seiten zwingt zu einem disziplinierten Vorgehen. Diese einheitlichen Rahmenbedingungen sichern die Vergleichbarkeit der Prüfungsleistungen.

Master-Thesis: Sie stellt die Abschlussarbeit eines Masterstudiums dar. Es gelten die o. g. Bedingungen bzw. die Bestimmungen der Master-Studienordnung.

Notizen

Executive Summary: Die Executive Summary ist eine Kurzfassung der Bachelor- oder Master-Thesis. Der Inhalt der Arbeit wird auf ca. zwei Seiten zusammengefasst. Die Executive Summary muss zusammen mit der Bachelor- oder Master-Thesis in deutscher und englischer Sprache abgegeben werden.

Dissertation: Als Dissertation oder Doktorarbeit wird eine Arbeit bezeichnet, die mit dem Ziel der Erlangung eines Doktorgrades verfasst wird. Es gelten die Bestimmungen der Promotionsordnung der jeweiligen Hochschule.

Habilitation: Die Habilitationsschrift wird von promovierten Wissenschaftlern angefertigt, die für den Universitäts- bzw. Hochschulbereich die Lehrbefähigung anstreben.[40]

4.2 Thema einer wissenschaftlichen Arbeit

Die richtige Wahl und Formulierung eines Themas ist meistens die erste Herausforderung, die Sie bei der Erstellung einer wissenschaftlichen Arbeit zu bewältigen haben. Zum einen wird die Themenwahl in Bezug auf den Inhalt gewertet, zum anderen soll das Thema bzw. der Titel der Arbeit die Leser auf den Inhalt der Arbeit neugierig machen.

4.2.1 Themensuche und -auswahl

Die Themen der in Kapitel 4.1 beschrieben wissenschaftlichen Arbeit werden von Ihnen selbst ausgewählt. Sie können sich daran orientieren, welches Ihre thematischen Stärken sind oder welche Themenbereiche Sie besonders interessieren. Weiterhin sollte das Thema so gewählt werden, dass es dem zukünftig angestrebten beruflichen Arbeitsbereich entspricht.
Stehen bestimmte Themen zur Auswahl, können folgende Fragen helfen, die richtige Wahl zu treffen:

- Kann das Thema an der Hochschule optimal betreut werden, d. h. stehen Professoren zur Verfügung, die einen fachlichen Bezug zu diesem Thema haben?
- Können Sie sich mit dem Thema fachlich weiter qualifizieren?
- Kann das Thema in der vorgegebenen Zeit qualifiziert bearbeitet werden?
- Ist das Thema motivierend und herausfordernd, so dass Sie gerne daran arbeiten?

---

[40] Vgl. Theisen, Rene: Wissenschaftliches Arbeiten, Technik – Methodik – Form, hrsg. von: Dichtl, Erwin; Issing, Ottmar, 11. Aufl., München 2002, S. 8 ff.

Notizen

- Kann das Thema in der derzeitigen oder zukünftigen beruflichen Situation verwertet werden?

Bei der Themenstellung gibt es zwei extreme Richtungen. Bei einem weit gefassten Thema erhält der Leser einen größeren Überblick über das Arbeitsgebiet, jedoch kann das Thema nur oberflächlich behandelt werden. Wird das Thema eng gefasst, erfordert dies einen tieferen Einstieg in eine spezielle Problematik und deren Literatur. Es ist vorab zu überlegen, ob das Thema in der begrenzten Zeit und mit dem begrenzten Seitenumfang qualifiziert abgehandelt werden kann.[41]

4.2.2 Titel der Arbeit

Nach der Festlegung eines Themas oder Themenbereiches muss ein Titel festgelegt werden. Der Titel ist die Visitenkarte einer Arbeit. Er sollte informativ sein, neugierig machen, aber keine falschen Erwartungen wecken. Vom Titel muss eindeutig auf den Inhalt geschlossen werden können, ansonsten besteht die Gefahr, dass das „Thema verfehlt“ ist, was zu einer erheblichen Verschlechterung der Note führen kann. Fragen Sie sich deshalb vor der endgültigen Abgabe der Arbeit, ob die Ausführungen wirklich das bieten, was der Titel verspricht. Untertitel können zur Eingrenzung des Themas ergänzt werden.[42]

Der bei der Prüfungsanmeldung festgelegte Wortlaut ist ein „Arbeitstitel“, welcher später in Bezug auf die Formulierung nicht aber inhaltlich nochmals geändert werden kann. Bei der Formulierung des Titels können folgende Systematiken verwendet werden:

- beschreibendes Thema: Darstellung der ...; Überblick zu ...
- erklärendes Thema: Analyse von ...; Untersuchung von ...
- Prognosen: Chancen und Risiken von ...; Zukünftige Entwicklung von ...
- problemorientiertes Thema: Problemanalyse ...; Lösungsansätze für ...
- bewertendes Thema: Kritische Stellungnahme zu ...; Vor- und Nachteile von ...

41 Vgl. Rossing, E.; Prätsch, J.: Wissenschaftliches Arbeiten, Hamburg 1988, S. 3.

42 Vgl. Franck, N.; Stary, J.: Die Technik wissenschaftlichen Arbeitens, 11. Aufl. Paderborn 2003, S. 138.

Notizen

Reicht die für die Bearbeitung zur Verfügung stehende Zeit für das vorgesehene Thema nicht aus, sollte eine Einschränkung des Themas in Erwägung gezogen werden. Dies muss im Titel der Arbeit erkennbar sein, z. B. mit Formulierungen wie „... unter besonderer Berücksichtigung von ...", „... mit dem Schwerpunkt ...". Ein- und Ausgrenzungen sowie gesetzte Schwerpunkte sollten in der Einleitung kurz begründet werden.

4.2.3 Themenanalyse und Grobgliederung

Als erster Schritt der Themenbearbeitung und noch vor der Literatursuche müssen Begriffe geklärt und die Aufgabenstellung durchdacht werden. Es ist zu analysieren, welche Probleme in der Arbeit stecken und in welcher Folge sie behandelt werden können. Das Ergebnis dieser Überlegung sollte anhand einer ersten Grobgliederung festgehalten werden. Diese Grob- oder Arbeitsgliederung enthält zu diesem Zeitpunkt nur die grundsätzlichen Zusammenhänge. Dennoch sollte auch sie mit äußerster Sorgfalt angefertigt werden, denn sie ist die Grundlage und Richtschnur der weiteren Arbeit. Es muss bereits hier auf die richtige Proportionierung der Aspekte des Themas und auf einen logischen Aufbau geachtet werden.[43]

4.3 Literatursuche und -auswertung

Bereits zur Themenformulierung und Erstellung der Grobgliederung sollten Sie auf entsprechende Fachliteratur zurückgreifen. Sie werden dabei schnell feststellen, dass es unterschiedliche Arten von Literatur gibt und dass für die meisten Themen eine enorm hohe Anzahl an Quellen zur Verfügung steht. Wie Sie schnell die geeignete Literatur finden und auswerten können, ist Inhalt dieses Kapitels.

4.3.1 Wissenschaftliche Quellen

Die wichtigste Quelle für die Erstellung einer wissenschaftlichen Arbeit sind auch heute noch Bücher, obwohl diese durch das Internet eine große Konkurrenz erhalten haben (s. u.). Bei den Büchern wird vor allem in Einzel- und Sammelwerke unterschieden. **Einzelwerke** (Monografien) behandeln nur ein einziges Thema und die Kapitel bauen aufeinander auf. Sie sind von einem oder mehreren Autoren geschrieben, wobei aus dem Text nicht hervorgeht, welcher Autor für welche Inhalte verantwortlich ist. **Sammelwerke** dagegen bestehen aus verschiedenen Aufsätzen, die von unterschiedlichen Autoren erstellt wurden. Der Themenbereich ist meistens weiter gefasst. Sammelwer-

43 Vgl. Vochezer, Renate: Leitfaden für Wissenschaftliches Arbeiten und Referate, FH Nürtingen 1996, S.2

Notizen

ke werden häufig anlässlich Jubiläen oder sonstiger bedeutender Veranstaltungen (z. B. Kongresse) herausgegeben. Auch **Fachzeitschriften** werden als wissenschaftliche Quelle anerkannt, im Gegensatz zu Publikumszeitschriften wie z. B. die „Bunte". Die meisten Hochschulen verfügen über eine gewisse Ausstattung an Fachzeitschriften. Reicht diese nicht aus, sind inzwischen auch Online-Recherchen möglich, z. B. über „MW-online" (www.mwonline.de), wobei diese jedoch nur begrenzt kostenfrei sind. **Fachlexika** (z. B. Lexikon der Betriebswirtschaft, Lexikon der Marktforschung, Branchenlexika...) können vor allem für die Themenanalyse und für Begriffsdefinitionen hilfreich sein.

Eine von Studierenden stark genutzte Quelle ist das Internet. Neben der Suche über Suchmaschinen (z. B. www.Google.de) erfreut sich auch die freie Enzyklopädie „Wikipedia" oder ähnliche Nachschlagewerke immer größerer Beliebtheit. Hier ist aber große Vorsicht geboten. Da die Beiträge von den Internet-Nutzern erstellt und ergänzt werden, erhebt diese Quelle keinen Anspruch auf Wissenschaftlichkeit und Richtigkeit. Aus diesem Grund wird diese Quelle bei vielen Professoren nicht anerkannt. Sie kann aber bei der Themenanalyse wertvolle Dienste leisten, um vorab Begrifflichkeiten zu klären und Themenbereiche abzugrenzen.

4.3.2 Materialbeschaffung

Das Informationsangebot in sämtlichen wissenschaftlichen Fachrichtungen nimmt explosionsartig zu. Das bedeutet, dass schon bei der Quellensuche systematisch vorgegangen werden muss. Eine der wichtigsten Voraussetzungen für die Anfertigung einer wissenschaftlichen Arbeit ist der möglichst frühzeitige Aufbau einer geeigneten und auf die eigenen Anforderungen zugeschnittenen Materialsammlung. Die Dauer der Materialbeschaffung sollte nicht unterschätzt werden (z. B. bei Fernleihe bis zu 6 Wochen).

Im ersten Schritt muss die für das Thema relevante Literatur ermittelt werden. Mit dem Status „Student/in" können Sie an allen anderen Hochschulen Bücher ausleihen und ggf. vorab in deren Online-Kataloge recherchieren. Aber auch über Bücherversanddienste kann man sich einen guten Überblick verschaffen. Vorteil hierbei ist, dass über eine Stichwortabfrage, die entsprechenden Bücher aufgelistet werden und vielfach Kurzbeschreibungen, Leseproben und Leserbewertungen erhältlich sind. Um das Budget zu schonen, sind teilweise gebrauchte Bücher erhältlich. Auch wenn die grundsätzliche Verwendung fertiger Arbeiten aus den Internetportalen wie z. B. www.hausarbeiten.de verboten ist, kann gegen einen Blick auf deren Quellenverzeichnisse nichts eingewendet werden. Bei konkreter Nachfrage erhält man meist

Notizen

auch Literaturempfehlungen von seinem Betreuer.

Bücher und weitergehende Informationen können vor allem über folgende Wege bezogen werden:

- Buchladen, Fachbuchsortimente, Online-Buchhandel
- Bibliotheken

    Hochschulbibliotheken: eine Ausleihe ist i.d.R. nicht nur an der eingeschriebenen, sondern auch bei anderen Hochschulen möglich.
    Allgemeine Bibliotheken
    Spezialbibliotheken (für bestimmte Themenkreise)

- Statistische Ämter und andere Institutionen welche amtliche Daten bereit stellen, z. B. :

    Statistisches Bundesamt in Wiesbaden (www.destatis.de)
    Statistische Landesämter, z. B. Statistisches Landesamt BW (www.statistik-bw.de)

- Bundes- und Landesministerien und sonstige wirtschaftspolitische Institutionen, z. B.

    Bundeswirtschaftsministerium (www.bmwi.de)
    Deutsche Bundesbank in Frankfurt/Main (www.bundesbank.de)
    Zentralen für politische Bildung: Bundeszentrale, Landeszentralen

- Internationale Institutionen, insbesondere UNO, IMF, ILO, OECD
- Wirtschaftswissenschaftliche Institute, z. B. IfW
- Institutionen der Wirtschaftspraxis, z. B. Industrie- und Handelskammern
- Unternehmen aller Branchen, staatliche Betriebe und Einrichtungen.

Eine besondere Form der Literaturbeschaffung ist das Internetportal Subito (www.subito-doc.de). „Subito ist der Markenname für den Dokumentlieferdienst wissenschaftlicher Bibliotheken aus Deutschland, Österreich und der Schweiz. subito bietet einen schnellen und unkomplizierten Dienst, über den die Kunden durch die Bibliotheken Kopien von Aufsätzen aus gedruckten Zeitschriften oder Kopien aus Büchern herstellen lassen und diese zugesendet bekommen bzw. der die Ausleihe von Büchern unterstützt. Grundlage dafür sind die Bestände, die sich in den Archiven der Bibliotheken befinden.“[44]

44 www.subito-doc.de, 26.12.2006

Notizen

Die Beiträge sind zwar kostenpflichtig, aber immer noch günstiger als der Kauf von Büchern. Zusätzlich können zeitintensive Bibliotheksbesuche reduziert werden. Ein weiterer Vorteil ist der Zugriff auf Zeitschriftenaufsätze, die meist aktueller sind, als entsprechende Fachliteratur. Bei der Verwendung dieser Buchbeiträge bzw. Aufsätze ist darauf zu achten, dass zum einen nur ausgewählte Inhalte und nicht die kompletten Aufsätze wiedergegeben werden und dass alle verwendeten Texte zitiert werden. Im anderen Fall entsteht der Strafstandbestand eines „Plagiats", d. h. geistigen Diebstahls.

TIPP:
Müssen Bücher vor der Fertigstellung der Arbeit wieder abgegeben werden, sollten alle notwendigen Informationen (z. B. Autor, Erscheinungsort, -jahr) notiert bzw. kopiert werden, da bei Verwendung des Werkes diese Informationen für die Zitierung sowie für das Literaturverzeichnis notwendig sind.

4.3.3 Literaturauswahl und -systematisierung

Die gesammelte Literatur ist i. d. R. so umfangreich, dass sie nicht vollständig gelesen werden kann, d. h. es muss eine Auswahl zwischen und innerhalb der gesammelten Literatur getroffen werden. Bei näherer Betrachtung und in Abstimmung mit der bereits angefertigten Grobgliederung können in den meisten Fällen bereits Teile der Literatursammlung aussortiert werden. Aber auch die verbleibende Literatur kann nicht komplett gelesen werden. Es empfiehlt sich deshalb, anhand des jeweiligen Inhaltsverzeichnisses, des Stichwortverzeichnisses und durch das Durchblättern relevanter Textseiten (Querlesen) sich einen Überblick zu verschaffen.

Die gewonnenen Informationen sollten in einer elektronischen Kartei bzw. Datenbank zusammengefasst werden. Diese haben neben einer strukturierten Auflistung den Vorteil, dass über Filterung oder Suchkriterien Informationen schnell gefunden werden können. Spezielle Literaturverwaltungsprogramme sind als Freeware auf dem freien Markt erhältlich. Wertvolle Dienste leisten auch selbst erstellte Karteien auf Excel- oder Access-Basis. Um professionell damit arbeiten zu können sollten die Felder Typ (Buch, Zeitschrift ...), *Autor, Titel* des Werkes, ergänzende Buchinformationen (ggf. Herausgeber, Auflage, Ort, Erscheinungsjahr), *Seitenzahl* oder Kapitel des relevanten Themenbereiches, ggf. Internetadresse, *Stichwörter* (nach denen recherchiert bzw. gefiltert werden kann) enthalten sein. Der Einsatz einer Literatur-Datenbank ist bereits mit Studienbeginn sinnvoll und kann im Laufe der Zeit – auch über das Studium hinweg – sukzessive ergänzt werden.

Notizen

4.4 Erstellung der wissenschaftlichen Arbeit

Nachdem die erste Literatur ausgewertet und zumindest die Grobgliederung erstellt ist, beginnen Sie mit der Erstellung der wissenschaftlichen Arbeit. Hierbei gilt es zu beachten, dass alle erforderlichen Bestandteile in der richtigen Reihenfolge enthalten sind und die einzelnen Bestandteile den notwendigen Anforderungen entsprechen.

4.4.1 Teile einer wissenschaftlichen Arbeit

Eine wissenschaftliche Arbeit besteht aus verschiedenen Teilen, die in folgender Reihenfolge angeordnet sind:

1. **Titelblatt:** Das Titelblatt enthält das Thema der wissenschaftlichen Arbeit, die Art der Arbeit (z. B. Bachelor-Thesis) sowie Angaben zur Hochschule und zum Verfasser der Arbeit. Muster siehe Anlage 1, S. 143 und 144.

2. **Eigenständigkeitserklärung:** Diese muss entsprechend dem Wortlaut der „Richtlinien zur Anfertigung von wissenschaftlichen Arbeiten“ der Steinbeis-Hochschule Berlin formuliert und handschriftlich unterschrieben werden.[45]

3. **These/Thesen/Fragestellungen:** „Die wesentlichen Thesen der vorliegenden Arbeit werden in diesem Teil dargelegt. Diese sollten die zur betrachtenden wesentlichen Inhalte der wissenschaftlichen Arbeit ohne eigene Bewertung wiedergeben und auch ohne den Textteil der Arbeit verständlich sein.“[46]

4. **Vorwort/Widmung:** Das Voranstellen eines Vorwortes ist möglich. Da es kein integraler Bestandteil des eigentlichen Textes ist, wird es noch vor das Inhaltsverzeichnis gesetzt. Es beinhaltet ergänzende Informationen, die sich nicht auf den eigentlichen Inhalt des Textes beziehen. Dazu gehören z. B. Hinweise auf die Motivation der Arbeit oder die Erwähnung der Personen oder Institutionen, die bei der Erstellung der Arbeit unterstützend mitgewirkt haben. Bei Transferreports und Studienarbeiten ist ein Vorwort nicht üblich.

---

45 Vgl. Richtlinie zur Anfertigung von wissenschaftlichen Arbeiten (Studienarbeit, Bachelir Thesis, Master Thesis) im Rahmen des Projekt-Kompetent-Studiuma der Steinbeis-Hochschule Berlin (SHB), Berlin 30.08.2006, S. 5.

46 ebd. S. 5.

Notizen

5. **Inhaltsverzeichnis:** Das Inhaltsverzeichnis erfasst sämtliche Teile der wissenschaftlichen Arbeit und entspricht der Feingliederung, ergänzt durch die Seitenzahlen.

6. **Abbildungsverzeichnis:** Alle im Text platzierten Abbildungen und Schaubilder werden mit Hinweis auf die jeweilige Seitenzahl in einem Abbildungsverzeichnis aufgeführt. Muster siehe Abbildungsverzeichnis dieses TDR, Seite 12.[47]

7. **Tabellenverzeichnis:** Das Tabellenverzeichnis enthält alle im Text platzierten Tabellen, ebenfalls mit Seitenangabe. Abbildungs- und Tabellenverzeichnis können auf einer Seite zusammengefasst werden. Muster Tabellenverzeichnis dieses TDR siehe Seite 12.

8. **Abkürzungsverzeichnis:** Alle Abkürzungen müssen in einem Abkürzungsverzeichnis aufgeführt werden. Muster siehe Abkürzungsverzeichnis dieses TDR, siehe Seite 13.

9. **Text/Themenbearbeitung:** Die Themenbearbeitung (Einleitung, Hauptteil, Schlussteil) enthält die Ausführungen zu den Gliederungspunkten. Die Textlänge hängt von der Art der Arbeit ab und richtet sich nach den Vorgaben des Betreuenden bzw. nach den Vorgaben der Hochschul-Richtlinien. Sind viele Abbildungen und Tabellen im Text enthalten, so erhöht sich entsprechend die empfohlene Textlänge.

10. **Literatur- und Quellenverzeichnis:** Das Literatur- und Quellenverzeichnis enthält alle im Text verwendete Literatur und sonstigen Quellen in alphabetischer Reihenfolge. Sofern nicht die abgekürzte Zitierweise verwendet wird, kann das Literatur- und Quellenverzeichnis in verschiedene Bereiche aufgeteilt werden, z. B. Einzelwerke, Beiträge aus Sammelwerken, Zeitschriften und Zeitungen, sonstige Quellen. Innerhalb dieser Aufteilung werden die Quellen wiederum alphabetisch sortiert. Muster siehe Literatur- und Quellenverzeichnis dieses TDR, S. 148.

11. **Anhang (Anlagen):** Ergänzende Materialien wie Statistiken, Tabellen, Interviews etc., die wesentlich zur Sicherung oder Veranschaulichung

47 Manche Verlage listen das Abbildungs- und Tabellenverzeichnis nach dem Text auf. Für Sie sind die Richtlinien der Hochschule verbindlich.

Notizen

der im Text aufgestellten Thesen beitragen, werden im Anhang nachgestellt.

4.4.2 Formale Gestaltung der Arbeit

Für die Erstellung von wissenschaftlichen Arbeiten müssen gewisse formelle Kriterien berücksichtigt werden. In der „Richtlinie zur Anfertigung von wissenschaftlichen Arbeiten der SHB" werden folgende Formalien vorgegeben:

- Format: DIN A4-Blätter, einseitig beschriftet
- Rand: links 3 – 4 cm, rechts 1 – 2 cm, oben und unten ca. 1 – 2 cm
- Schrift: Schriftart Arial, Schriftgrad 11, Zeilenabstand 1,5-zeilig, Zeilenumbruch Blocksatz mit Silbentrennung.[48]

Bei der Formatierung ist darauf zu achten, dass je Format immer die gleichen Schriftgrößen, Abstände etc. verwendet werden. Dies erreichen Sie am besten durch die Verwendung der Formatvorlagen, die Sie jederzeit an Ihre Belange anpassen können. Die Verwendung von Formatvorlagen für Überschriften, Abbildungs- und Tabellenbeschriftungen, Anlagenüberschriften etc. hat weiterhin den Vorteil, dass Sie automatische Verzeichnisse, z. B. das Inhaltsverzeichnis erstellen können. (MS-Word: Einfügen/ Referenzen/ Index und Verzeichnisse/Inhaltsverzeichnis).
Folgende Tabelle 6 zeigt, welche Bestandteile der Arbeit eine römische bzw. arabische Seitennummerierung erhalten.

4.4.3 Formaler Gliederungsaufbau

Die Gliederung stellt nicht nur ein äußeres Orientierungsmittel für Verfasser und Leser dar, sie ist auch die gedankliche Strukturierung einer wissenschaftlichen Arbeit. Schon bei der Grob- oder Arbeitsgliederung sollte deshalb auf den logischen Aufbau geachtet werden. Der Verfasser zeigt dadurch, inwieweit er in der Lage ist, eine Aufgabe bzw. Fragestellung systematisch zu bearbeiten.
In der Gliederung deutet der Verfasser bereits die Gedankenführung an und lässt erkennen, welches Gewicht er den einzelnen Punkten beimisst.

---

48 Vgl. Richtlinie zur Anfertigung von wissenschaftlichen Arbeiten (Studienarbeit, Bachelor Thesis, Master Thesis) im Rahmen des Projekt-Kompetenz-Studium an der Steinbeis-Hochschule Berlin (SHB), Berlin 30.08.2006, S.8.

Notizen

Bestandteil einer wiss. Arbeit	Römische Seitenzahlen	Arabische Seitenzahlen
Titelblatt	–	–
Eigenständigkeitserklärung	x	
Vorwort [49]	x	
Inhaltsverzeichnis	x	
Abkürzungsverzeichnis	x	
Abbildungs- und Tabellenverzeichnis	x	
Text (Einleitung, Hauptteil, Schluss)		x
Literatur- und Quellenverzeichnis		x
Anhang (Anlagen)		x

Tab. 6: Übersicht Seitennummerierung einer wissenschaftliche Arbeit

Es muss ein „roter Faden“ zu erkennen sein.
Bei der Erstellung einer Gliederung sind folgende Regeln zu beachten:

- Die Gliederung muss logisch aufgebaut werden, z. B. vom Allgemeinen zum Besonderen.
- Die Gliederungspunkte einer Ebene müssen unter dem entsprechenden Oberpunkt zusammenfassbar sein.
- Gliederungspunkte dürfen nicht wie das Thema genannt werden.
- Eine Untergliederung muss mindestens zwei Unterpunkte haben, ansonsten ist die Untergliederung unnötig.
- Um die Gliederung überschaubar zu halten, sollte die Arbeit nach Möglichkeit so aufgegliedert werden, dass sich die einzelnen Textteile nach thematischem Gewicht, Umfang und Grad der Feingliederung nicht extrem unterscheiden.

Für die Nummern-Systematik der Gliederung gibt es keine allgemein verbindlichen Regeln. Es wird jedoch die Dezimalgliederung empfohlen.

49 Bei manchen Verlagen erhält auch das Vorwort keine Seitennummerierung.

Notizen

Bei der Dezimalgliederung wird nur mit Zahlen gearbeitet. Diese werden von Ebene zu Ebene immer tiefer gegliedert. Diese Systematik ist einfach anzuwenden und sehr übersichtlich, insbesondere in der abgestuften Form. Bei der linearen Gestaltung werden alle Zahlen linksbündig angeordnet. Bei der abgestuften Form werden die Zahlen der Untergliederung eingerückt und zwar so, dass die erste Ziffer der Untergliederung direkt unterhalb des Textbeginns der höheren Gliederungsebene beginnt. Dies hat den Vorteil, dass die Gliederungsebene visuell gut erfasst werden kann. Bei den Überschriften im Text ist eine Abstufung nicht üblich, d. h. die Überschriften werden alle linksbündig angeordnet.

Beispiel:

Linear:	abgestuft:
1 Gliederungsebene 1	1 Gliederungsebene 1
1.1 Gliederungsebene 2	1.1 Gliederungsebene 2
1.2 ...	1.2
2 ...	2
2.1 ...	2.1
2.1.1 ...	2.1.1 Gliederungseb. 3
2.1.2 ...	2.1.2
2.1.3 ...	2.1.3
2.2 ...	2.2
3 ...	3
3.1 ...	3.1
3.2 ...	3.2
3.2.1 ...	3.2.1
3.2.2 ...	3.2.2

Achtung: der Punkt hinter der letzten Ziffer entfällt (internationale Norm).

Die Gliederungspunkte müssen in Anzahl und Wortlaut mit den Überschriften der einzelnen Kapitel im Text der Arbeit übereinstimmen. Dies setzt voraus, dass die einzelnen Überschriften (Gliederungspunkte) so formuliert sind, dass sie für sich alleine, d. h. ohne den vorausgegangenen Oberpunkt aussagefähig sind. Beispiel:

Falsch	**Richtig**
4.1 Beschäftigungspolitik	4.1 Beschäftigungspolitik
4.1.1 1970 – 79	4.1.1 Beschäftigungspolitik von 1970 – 79
4.1.2 1980 – 89	4.1.2 Beschäftigungspolitik von 1980 – 89

Notizen

4.4.4 Inhaltlicher Gliederungsaufbau

Ein wichtiges Bewertungskriterium einer wissenschaftlichen Arbeit ist der inhaltliche Aufbau einer Gliederung. Hier zeigt sich, ob der Studierende in der Lage ist, ein Thema strukturiert zu bearbeiten.

Die Feingliederung als Ausgangsbasis zur Texterstellung

Im Anschluss an die Themenanalyse erfolgt die Erstellung einer Gliederung. Häufig wird eine Grobgliederung erstellt und auf dieser Basis mit der Verfassung der Arbeit begonnen. Die Feingliederung entwickelt sich dann mit dem Fortschritt der Arbeit automatisch. Dies ist bei kleineren Arbeiten (z. B. Studienarbeit) noch relativ unproblematisch.

Bei umfangreichen Arbeiten (z. B. Bachelor- und Master-Thesis) kann diese unstrukturierte Vorgehensweise sehr problematisch werden. Die Gefahr der inhaltlichen und zeitlichen Verzettlung ist groß. Eine detaillierte und ausgereifte Gliederung ist dagegen nicht nur die Basis einer guten Arbeit, sondern es erleichtert Ihnen auch die Erstellung des Textes. Kleinere Änderungen und Anpassungen während der Erstellung werden dennoch erforderlich sein, was aber den Gesamtaufbau nicht gefährdet.

TIPP:
Besprechen Sie die Feingliederung mit Ihrem Betreuer. Zum einen erhalten Sie noch Hinweise auf Schwächen bzw. Anregungen zu Verbesserungen. Zum anderen kann eine „abgesegnete“ Gliederung sich nicht mehr negativ auf die Note auswirken, sofern die Inhalte auf die Gliederungspunkte abgestimmt sind.

Bereits zur Erstellung der Feingliederung muss das ausgewählte Material (Bücher etc.) ausgiebig durchgearbeitet werden. Es empfiehlt sich, in die Feingliederung Hinweise zu bestimmten Fundstellen einzufügen, so dass diese bei der Texterstellung wieder leichter gefunden werden. Der zeitliche Aufwand für die Sichtung des Materials und die Erstellung der Feingliederung ist sehr hoch und muss bei der Erstellung eines Zeit- oder Projektplans entsprechend berücksichtigt werden. Allerdings wird die Zeit, die in diese Phase investiert wird, bei der eigentlichen Texterstellung eingespart.

Um die Feingliederung zu erstellen, muss weiterhin der inhaltliche Aufbau der Arbeit bereits festgelegt sein. Grundsätzlich sollte eine wissenschaftliche Arbeit in die drei Teile

- Einleitung
- Hauptteil
- Schlussteil

Notizen

eingeteilt sein, wobei es diese Bezeichnungen zu vermeiden gilt. Es sollten Überschriften gewählt werden, die den Inhalt der jeweiligen Kapitel charakterisieren, z. B. statt Schlussteil können Überschriften wie Fazit, Zusammenfassung, Ausblick etc. verwendet werden.

Einleitung

Die Einleitung ist integraler Bestandteil des Textes und soll den Leser an das Thema heranführen. Inhaltlich können Ausführungen zu folgenden Punkten enthalten sein:

- Problemstellung und Zielsetzung der Arbeit
- Ein- und Abgrenzungen
- Definitionen
- Arbeitshypothesen
- „State of the Art": Stand der Forschung oder Technik, aktuelle Statistiken
- angewandte Methoden: z. B. Primärerhebung
- Vorgehensweise und Aufbau

Auch wenn der Textteil einer wissenschaftlichen Arbeit mit der Einleitung beginnt, wird dieser Teil i. d. R. erst am Ende geschrieben, da erst dann bekannt ist, was wirklich geleistet werden konnte. Eine gute Einleitung bereitet den Leser auf die weiteren Ausführungen vor und motiviert dazu, die Arbeit komplett zu lesen. Vor allem dann, wenn die Problemstellung sauber herausgearbeitet wurde, wird der Leser auf die möglichen Lösungsansätze neugierig. Es gibt auch exotische Ansichten in Bezug auf die Funktion einer Einleitung, wie die des Professors und Schriftstellers Umberto Eco: „Eine gute endgültige Fassung der Einleitung soll erreichen, dass der Leser sich mit ihr begnügt, alles versteht und den Rest der Arbeit nicht mehr liest."[50]

Hauptteil

Der Hauptteil nimmt den größten Umfang der Arbeit ein. Hier setzen Sie sich intensiv mit dem Thema auseinander. Der Hauptteil stützt sich auf die Auseinandersetzung bzw. auf die Analyse des gesammelten Materials, je nach Thema untermauert durch eigene Erhebungen verschiedener Art. Eine wissenschaftliche Arbeit kann auch in mehrere Hauptteile untergliedert sein. Der Hauptteil wird in Bezug auf die Überschriften jedoch nicht als solches

50 Eco, U.: Wie man eine wissenschaftliche Arbeit schreibt (Come si fa una tesa di laurea, dt.), übersetzt von Walter Schick, 7. Aufl. Heidelberg 1999, o. S.

Notizen

bezeichnet, stattdessen werden Überschriftstitel gewählt, die den Inhalt der einzelnen Kapitel beschreiben.
Der Aufbau des Hauptteils hängt davon ab, was die Zielsetzung der Arbeit ist. Im Folgenden werden verschiedene Ansätze zur Strukturierung des Hauptteils dargestellt und an einem Beispiel mit dem Thema Businessplaning-Software“ [51] konkret erläutert. Die nachfolgenden Ansätze können auch kombiniert werden.

- **Analyse und Synthese:** Zerlegung einer Businessplansoftware in seine Bestandteile (unterschiedliche Planungsebenen) und Darstellung wie die einzelnen Planbestandteile zu einem komprimierten Gesamtunternehmensplan in dem speziellen Unternehmen zusammengefasst werden können. Siehe auch Kapitel 1.3.1.
- **Induktiver (reduktiver) Ansatz:** Anhand der Erfahrungen in einem konkreten Fall (Einsatz einer Businessplanungs-Software in einem bestimmten Unternehmen) werden daraus allgemeingültige Erkenntnisse formuliert.
- **Deduktiver Ansatz:** Allgemeingültige Erkenntnisse und Erfahrungen in Bezug auf Businessplanungs-Software (z. B. aus Literatur, Büchern etc.) werden auf eine konkrete Unternehmenssituation angewendet. In beiden Fällen ist darauf zu achten, dass die Aussagen nicht auf Vermutungen basieren, sondern wissenschaftlich fundiert erarbeitet werden. Siehe auch Kapitel 1.3.2.
- **Hypothesen-Ansatz:** Es wird die These aufgestellt, dass sich die Probleme eines bestimmten Unternehmens mit dem Einsatz einer Businessplanungs-Software lösen lassen. Diese Behauptung muss bewiesen werden bzw. es muss aufgezeigt werden, in welchen Fällen und unter welchen Bedingungen die These zutrifft und wann nicht.
- **Chronologischer Ansatz:** Dieser Ansatz wird i. d. R. nur ergänzend, z. B. am Anfang einer wissenschaftlichen Arbeit eingesetzt. Hierbei wird die geschichtliche Entwicklung eines Erkenntnisobjektes bzw. die geschichtliche Ursache für die heutige Erscheinung aufgezeigt (Darstellung von Ursache und Wirkung). Als Methode eignet sich vor allem die Sekundärforschung. Dieser Ansatz bringt keine neuen Erkenntnisse kann aber eine interessante Heranführung an das Thema darstellen. Beispiel: geschichtliche Entwicklung der Businessplanungs-Software.

---

51 Eine Businessplaning-Software ist ein Programm zur Unterstützung und Koordination der unternehmerischen Planungsaufgaben, z. B. Absatzplanung, Beschaffungsplanung, Produktionsplanung ect.

Notizen

- **Struktureller Ansatz:** Eine Struktur ist eine Ordnung, die das wiedergibt, was wir sehen, sobald wir uns etwas bildlich vorstellen, z. B. ein Diagramm, eine Landkarte o. ä. Eine Struktur kann ein Objekt oder ein Prozess sein. Hierbei ist zu beachten, dass die Teile einzeln erkennbar sind und die Unterteilung richtig vorgenommen wird. Beispiele: Organigramm eines Unternehmens, Prozessdarstellungen (z. B. Ablaufdiagramm), Einteilung in Produktgruppen etc. Bei Praxisarbeiten kann dieser Ansatz zur Beschreibung des Unternehmens und ggf. zur Erläuterung von strukturellen Änderungen aufgegriffen werden. Beispiel: Darstellung des Aufbaus der Businessplanungs-Software, d. h. welche einzelnen Planungsmodule sind enthalten und wie sind die einzelnen Module miteinander verknüpft bzw. inwiefern bauen die einzelnen Module aufeinander auf.
- **Funktionenorientierter Ansatz:**
  Aufgaben und Prozesse einer Businessplanungs-Software werden beschrieben, Funktionen werden systematisiert und die zur Erfüllung der Funktionen ablaufenden Prozesse werden untersucht.
- **Instrumentaler Ansatz:** Handlungsmöglichkeiten und Mittel zur Erfüllung der Aufgaben werden beschrieben und der Einsatz von bestimmten und Instrumenten erforscht. Beispiel: Es wird erforscht, inwiefern eine Businessplanungs-Software die Aufgaben der Unternehmensplanung erfüllen kann.
- **Entscheidungsorientierter Ansatz:** Der Weg zu Entscheidungen, d. h. der Prozess der Willensbildung wird beschrieben, dabei wird der Entscheidungsprozess (z. B. für oder gegen eine Businessplanungs-Software) systematisiert und die Entscheidungsphasen werden genau erläutert.

Schlussteil

Mit dem Schlussteil werden die Einzelschritte des Hauptteils zusammengefasst. Weiterhin sollte ein Fazit gezogen werden. Wurden Eingangsfragen bzw. Hypothesen aufgestellt, so gilt es diese zu beantworten bzw. die Hypothesen zusammenfassend zu verifizieren bzw. zu falsifizieren. Sofern möglich, sollte ein Ausblick auf die zukünftigen Entwicklungen gegeben werden. Bezogen auf das im vergangenen Kapitel verwendete Beispiel könnte hier z. B. auf die in den nächsten Jahren erwartete Entwicklung im Bereich der Businessplanungs-Software eingegangen werden. In das Fazit kann die eigene Meinung eingebracht werden. Es ist darauf zu achten, dass diese Meinung plausibel und nachvollziehbar ist bzw. begründet wird.

Notizen

4.4.5 Textformulierung

Nach Erstellung der Feingliederung wird mit der Textformulierung begonnen. Es wird empfohlen, zuerst einen vollständigen Grobentwurf zu erstellen. Der Feinentwurf folgt dann mit der Endkorrektur. Maßgeblicher Gesichtspunkt bei der Formulierung der Textteile ist die Nachvollziehbarkeit der Ergebnisse des Verfassers durch den Leser. Dies besagt, dass der Weg von der Fragestellung bis zum Ergebnis keine Lücken aufweisen darf. Es muss für den Leser möglich sein, anhand des im Quellenverzeichnis angegeben Materials zum gleichen Ergebnis zu kommen. Die Ausführungen müssen somit belegbar und nachvollziehbar sein. Bemerkungen wie z. B. „in den meisten Unternehmen wird nach Methode X vorgegangen" oder „häufig wird im Betrieb der Punkt Y nicht eingehalten" müssen anhand der Literatur, von Statistiken oder durch eigene Erhebungen belegt werden. Rein spekulative oder auf der eigenen Meinung beruhende Aussagen sind zu unterlassen. Der Verfasser kann jedoch vermerken, dass er die Meinung, die in der Literatur etc. vertreten wird, nicht teilt. Auch dies muss logisch nachvollziehbar begründet werden.
Bei der Erstellung des Textentwurfs sollte weniger auf Quantität, sondern mehr auf Qualität geachtet werden. So ist es zu vermeiden, ein bestimmtes Material nur deshalb zu verwenden, um es nicht „umsonst" beschafft zu haben oder um das Literaturverzeichnis in die Länge zu ziehen. Weniger ist oft mehr. Auf den Schreibstil, auf exakte Formulierungen und auf die grammatikalische Richtigkeit wird erst in der Feinkorrektur eingegangen.
Desweiteren ist zu beachten, dass Gedanken anderer (wörtliche und nichtwörtliche Zitate) auf jeden Fall gekennzeichnet werden müssen. Es empfiehlt sich, bereits im Grobentwurf alle Zitate kenntlich zu machen. Auf die genauen Zitierregeln wird in Kapitel 4.5 eingegangen.

4.4.6 Tabellen und Abbildungen

Enthält eine wissenschaftliche Arbeit Tabellen oder Abbildungen, müssen folgende Regeln beachtet werden:

- Tabellen und Abbildungen werden jeweils durchnummeriert.
- Tabellen und Abbildungen müssen beschriftet werden: Typ (Abb. oder Tab.), fortlaufende Nr., Bezeichnung (s. u.)
- Wurden die Inhalte der Tabellen und Abbildungen aus fremden Quellen entnommen, muss diese Quelle mit einer Fußnote angegeben werden.

Notizen

Beispiel Abbildungsbeschriftung:

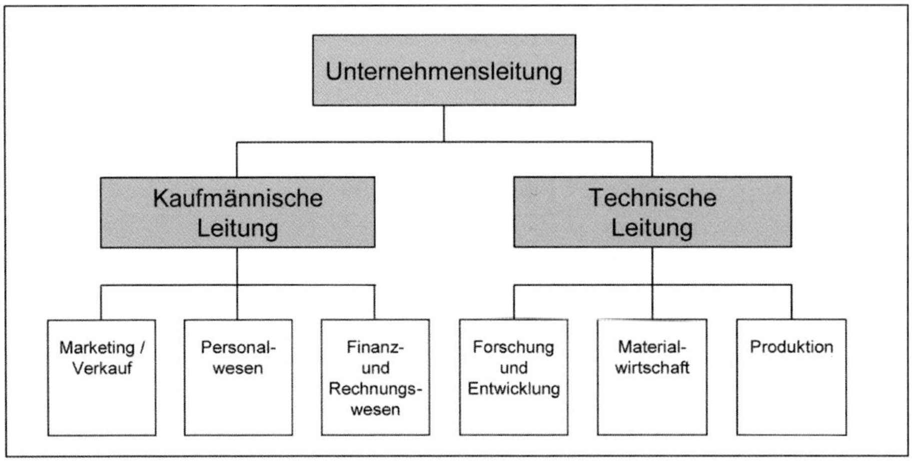

Abb. 7: Beispiel funktionale Aufbauorganisation [52]

Zur Abfassung von (statistischen) Tabellen besteht mit DIN 55301:1978-09 eine Norm, deren wichtigste Ausführungen nachfolgend dargestellt werden.

- Im Tabellenkopf stehen – ggf. in mehrere Zeilen eingeteilt, knapp und eindeutig Gegenstand, Zeit, Einheit etc. Gleichartige Spalten sollten gleich breit sein.
- In der Vorspalte werden Untergliederungen durch Einzüge (nicht durch Spiegelstriche) angezeigt.
- Anordnung der Tabelle an den linken Seitenrand (Ausnahme: quer eingefügte Tabellen werden an den rechten Seitenrand angeordnet.[53]

52 Vgl. Bea F. X.; Göbel, E.: Organisation, 2. Aufl. Stuttgart 2002, S. 321.

53 Vgl. Theisen, M. R.: Wissenschaftliches Arbeiten, Technik – Methodik – Form, hrsg. von: Dichtl, E.; Issing, O., 11. Aufl., München 2002, S. 167.

Notizen

Beispiel für die Tabellengestaltung, angelehnt an die DIN 55301: 1978-09

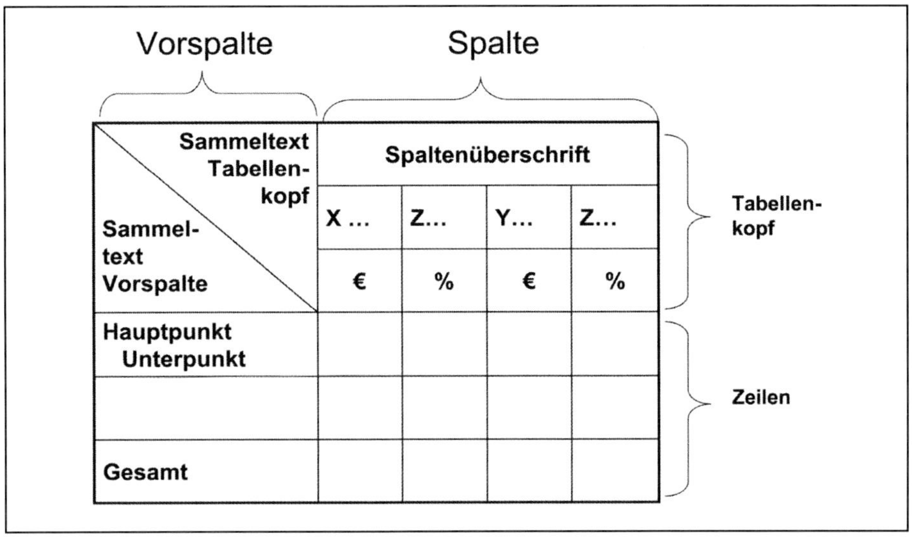

Abb. 8: Muster für die DIN-gerechte Gestaltung einer Tabelle [54]

Die hier genannten Regeln gelten auch für Tabellen und Abbildungen im Anhang. Die Schriftgröße und die Zeilenabstände dürfen in einer Tabelle kleiner sein, als im Text. Es ist jedoch darauf zu achten, dass alle Tabellen und Abbildungen einheitlich formatiert werden. Es wird empfohlen für die Beschriftung der Tabellen und Abbildung die Wordfunktion „Beschriftung" zu verwenden. Es erleichtert Ihnen die Arbeit, da die fortlaufenden Nummern automatisch gewählt und automatisch aktualisiert werden (z. B. wenn eine Tabelle wieder gelöscht oder dazwischen gesetzt wird). Der dritte Vorteil liegt darin, dass bei Verwendung der Beschriftungsfunktion ein automatisches Abbildungs- und Tabellenverzeichnis erstellt werden kann.

4.4.7 Quellenverzeichnis

Im Anschluss an den Text und noch vor dem Anhang wird das Quellenverzeichnis eingefügt. Teilweise wird dieses auch als „Literaturverzeichnis" oder „Literatur- und Quellenverzeichnis" betitelt. Ein Literaturverzeichnis darf streng genommen auch nur die tatsächliche Literatur im engeren Sinne beinhalten, was z. B. die Internetquellen ausschließt. Die Bezeichnung Literatur- und Quellenverzeichnis ist insofern nicht ganz korrekt, da Literatur auch Quellen darstellen, d. h. bei der Verwendung der Bezeichnung „Quellenverzeichnis" sind alle möglichen Formen von Quellen eingeschlossen.

---

54 Vgl. Theisen, M. R.: Wissenschaftliches Arbeiten, Technik – Methodik – Form, hrsg. von: Dichtl, E.; Issing, O., 11. Aufl., München 2002, S. 167.

Notizen

Grundsätzlich werden in ein Quellenverzeichnis nur die **verwendeten** Quellen aufgenommen, d. h. es dürfen dort nur Quellen zu finden sein, die im Text oder in den Anlagen auch als Zitat wieder zu finden sind. Umgekehrt müssen alle zitierten Quellen auch im Quellenverzeichnis wieder zu finden sein. Formal sollte, vor allem bei umfangreichen Arbeiten, das Quellenverzeichnis in verschiedene Kategorien eingeteilt werden, z. B.

- Einzelwerke
- Sammelwerke
- Zeitungen und Zeitschriften
- Internetquellen
- Sonstige Quellen (z. B. Firmenbroschüren, Gesetze etc.)

Innerhalb dieser Kategorien sind die Quellen alphabetisch zu sortieren. Layouttechnisch sind zwei Darstellungsformen üblich.

Darstellungsform 1: als ganze Sätze. Beispiel:

Koeder, Kurt W.: Studienmethodik – Selbstmanagement für Studienanfänger, 2. Aufl., München 1994

Theisen, Manuel René: Wissenschaftliches Arbeiten, Technik – Methodik – Form, hrsg. von: Dichtl, Erwin; Issing, Ottmar, 11. Aufl., München 2002

Darstellungsform 2: tabellarisch. Beispiel:

Koeder, Kurt W.:	Studienmethodik – Selbstmanagement für Studienanfänger, 2. Aufl. München 1994
Theisen, Manuel R.	Wissenschaftliches Arbeiten, Technik – Methodik – Form, hrsg. von: Dichtl, Erwin; Issing, Otmar, 11. Aufl., München 2002

Die tabellarische Form ist für den Leser übersichtlicher. Empfehlung: Einfügen einer Tabelle und ausblenden der Gitterlinien. Da die Quellen nach Kategorien eingeteilt werden, gibt es bislang noch keine adäquate Word-Funktion um das Quellenverzeichnis automatisch zu erstellen. Das Quellenverzeichnis dieses Leitfadens kann als Muster herangezogen werden.

4.4.8 Anlagen

Nach dem Quellenverzeichnis folgen die Anlagen (auch Anhang genannt). In die Anlagen gehören, wie bereits eingangs beschrieben, ergänzende Materialien. Das können z. B. Unterlagen des Unternehmens sein, sowie Statis-

Notizen

tiken, Tabellen, der genaue Wortlaut von Interviews, Fragebogen und Auswertungen von Befragungsaktionen etc. Es sollten nur solche Anlagen aufgenommen werden, auf welche im Textteil Bezug genommen wird. Ist keine Systematik zwischen den einzelnen Teilen zu erkennen, hängt die Reihenfolge i.d.R. vom Textbezug ab. d. h., der Teil des Anhangs, der im Text zuerst genannt wird, erscheint auch im Anhang zu Beginn. Die einzelnen Teile der Anlagen werden durchnummeriert (z. B. Anlage 1). Auch hier kann die Beschriftungsfunktion von Word eingesetzt werden, wobei die Kategorie „Anlage" neu angelegt werden muss.
Bei dem Anlagen-Verweis im Text sollten Nr. und Seite der Anlage angegeben werden, um dem Leser die Suche zu erleichtern (Nutzung der Word-Funktion „Querverweis"). Bei einem sehr umfangreichen Anhang empfiehlt es sich, den Anlagen ein Anlagenverzeichnis voranzustellen. Dies kann bei der Nutzung der Beschriftungsfunktion automatisch erstellt werden.

4.5 Zitierregeln

Eine der wichtigsten Kriterien für die Wissenschaftlichkeit einer schriftlichen Arbeit ist der korrekte Umgang mit Quellen, was sich durch die Anwendung der Zitierregeln äußert. Aufgrund der vielen unterschiedlichen Quellentypen gibt es auch zahlreiche unterschiedliche Regeln, die es zu beachten gilt. Aus diesen Gründen ist dem Thema Zitieren in diesem TDR ein relativ breiter Platz eingeräumt.
Die Nachprüfbarkeit aller Aussagen ist ein entscheidendes formales Kriterium für die Wissenschaftlichkeit einer Arbeit. Die entsprechende Kenntnis und Berücksichtigung der Zitiervorschriften finden u. a. in den §§ 51, 63 UrhG ihre Grundlage. Umfang und Ausmaß der Zitate hängen allein von der im Text verwendeten Literatur ab.[55]

4.5.1 Allgemeine Zitierregeln

Auch wenn das Regelwerk Zitieren auf den ersten Blick sehr straff ist, sind noch einige Spielräume und Entscheidungsmöglichkeiten gegeben. Generell gilt jedoch, dass aus dem Text klar ersichtlich sein muss, ob der Verfasser seine eigenen Überlegungen vorträgt oder diese von einem anderen Autor übernommen hat. Die für die Arbeit herangezogenen Quellen sind im Text (als Kurzbeleg) oder in Fußnoten sowie in einem Literatur- und Quellenverzeichnis mit allen notwendigen bibliographischen Informationen aufzuführen. Die

55 Vgl. Theisen, M. R.: Wissenschaftliches Arbeiten, Technik – Methodik – Form, hrsg. von: Dichtl, E.; Issing, O., 11. Aufl., München 2002, S. 140.

Notizen

in Fußnoten genannten Quellenangaben können wiederum als Vollbeleg oder als Kurzbeleg erfolgen. Im Vollbeleg werden die vollständigen bibliographischen Informationen aufgeführt, dagegen enthält der Kurzbeleg i. d. R. nur der Nachname des Autors und die Seitenangabe. Es ist jedoch darauf zu achten, dass eine gewählte Methode durchgängig beibehalten wird (z. B. keine Vermischung von Voll- und Kurzbeleg).

Es eignen sich nicht alle Quellen zur Verwendung in wissenschaftlichen Arbeiten. **Zitierfähig** sind alle Quellen, die in irgendeiner Form veröffentlicht worden sind. Damit wird sichergestellt, dass nur solches Material verwendet wurde, das nachvollziehbar und kontrollierbar ist. Üblicherweise ist daher vom Zitieren von Diplom- und Seminararbeiten, von unveröffentlichten Vorträgen und von Vorlesungsunterlagen abzusehen. Wenn diese dennoch Anwendung finden sollen, empfiehlt es sich, deren Verwendung mit dem Betreuer abzusprechen. **Nicht zitierwürdig** sind i. d. R. Publikumszeitschriften. **Nicht zitierpflichtig** ist Allgemeingut, das jedem Konversationslexikon entnommen werden kann.[56]

Zunehmend werden für die Erstellung von wissenschaftlichen Arbeiten auch fremdsprachliche Quellen verwendet. Wenn Sie davon ausgehen können, dass der Leser das Zitat auch in der Fremdsprache versteht, was bei Englisch i. d. R. der Fall ist, muss es nicht übersetzt werden. Das gleiche gilt, wenn der Originaltext verschiedene Interpretationen zulässt. Im anderen Fall ist die Übersetzung im Text oder in der Fußnote kenntlich zu machen (übersetzt von .... am ...).

Eine der häufigsten Fragen, die an die Verfasser dieses TDR in ihren Lehrveranstaltungen „Wissenschaftliches Arbeiten" gerichtet wird, ist die nach der „Zitierintensität", d. h. was muss zitiert werden, ab wann sind es nicht mehr eigene Gedanken. Die Grenze in Bezug auf eigene und fremde Gedanken zu setzen, fällt vor allem bei der erstmaligen Erstellung einer wissenschaftlichen Arbeit sehr schwer. Folgende Hinweise sollen die Zuordnung erleichtern.

- Alle Gedanken, die Sie so verinnerlicht haben, dass Sie diese auch nach mehreren Tagen und Wochen noch zu Papier bringen können ohne Heranziehung weiterer Unterlagen, können Sie als eigenes Gedankengut betrachten und muss nicht gekennzeichnet werden.

---

56 Vgl. Theisen, M. R.: Wissenschaftliches Arbeiten, Technik – Methodik – Form, hrsg. von: Dichtl, E.; Issing, O., 11. Aufl., München 2002, S. 141 f.

Notizen

- Haben Sie zur Abfassung des Textes ein Buch neben sich liegen und lesen hieraus immer wieder nach, sind dies nicht mehr Ihre eigenen Gedanken und müssen entsprechend gekennzeichnet werden.
- Verfassen Sie einen Text, indem Sie zuvor in mehreren Quellen nachgelesen und sich daraus eine eigene Schlussfolgerung ziehen, müssen Sie dennoch alle verwendeten Quellen kennzeichnen. Ein Zitat kann aus mehreren aneinander gereihten Quellenangaben bestehen (durch Strichpunkt getrennt).

Die Kennzeichnung der Zitate, unabhängig ob als Kurzzitat innerhalb des Textes oder mit einer Fußnote, erfolgt immer am Ende des von einem anderen Autor übernommenen Textes (z. B. Satz- oder Kapitelende). Bezieht sich die Fußnote nur auf den vergangenen Satz, wird sie vor den Punkt gesetzt. Bezieht sich die Fußnote auf mehrere Sätze bzw. auf ein Kapitel, wird sie außerhalb des letzten Satzes, d. h. nach dem Punkt gesetzt.
Jedes Kapitel muss – auch bei gleicher Quelle – neu zitiert werden, wobei jedoch die Abkürzung „ebd." (für ebenda) verwendet werden kann, wenn sich die Quelle auf den gleichen Autor wie beim Zitat davor bezieht. Für die Verwendung von Fußnoten bietet Word (und auch andere gängige Textverarbeitungsprogramme) eine spezielle Funktion an. Sie können hierbei wahlweise eine durchgehende oder eine je Seite neu beginnende Nummerierung wählen. Beides ist formal erlaubt. Die Fußnotenfunktion hat den Vorteil, dass die Nummer der Fußnote vom Programm automatisch festgelegt wird und bei Löschung bzw. Hinzufügung von Fußnoten sich alle anderen Fußnoten-Nummern automatisch anpassen. Dies ist nicht nur eine enorme Arbeitserleichterung, sondern reduziert auch das Fehlerpotenzial.

4.5.2 Wörtliche und sinngemäße Zitate

Bei der Anwendung der Zitierregeln wird zwischen wörtlichen und sinngemäßen Zitaten (Paraphrasen) unterschieden. Bei wörtlichen Zitaten (oder auch „direktes Zitat" genannt) wird der Wortlaut eines Dritten im genauen Wortlaut in den eigenen Text übernommen. „Derartige Übernahmen haben buchstaben- und zeichengetreu zu erfolgen".[57] In der Konsequenz bedeutet dies, dass z. B. auch Fehler oder die alte Rechtschreibung übernommen werden müssen. Bei längeren wörtlichen Zitaten (mehr als 40 Wörter) wird dieses als eigener Absatz, eingerückt mit kleinerer Schriftgröße und engerem Zeilenab-

57 Vgl. Theisen, M. R.: Wissenschaftliches Arbeiten, Technik – Methodik – Form, hrsg. von: Dichtl, E.; Issing, O., 11. Aufl., München 2002, S. 148.

58 Vgl. Rost, F.: Lern- und Arbeitstechniken für das Studium, 3. Aufl., Opladen 2003, S. 239 f.

Notizen

stand formatiert. Wörtliche Zitate mit mehr als 200 Wörtern sollten vermieden werden.[58]

Im Text müssen wörtliche Zitate in Anführungszeichen gesetzt werden. Es ist jedoch möglich, Auslassungen oder Ergänzungen vorzunehmen. **Auslassungen** werden durch zwei Punkte bei einem Wort und drei Punkte bei mehreren Worten gekennzeichnet (Beispiel: „Text ... Text"). Ergänzungen (Interpolation) stehen in eckigen Klammern (Beispiel: „Text [xxx] Text".)[59] Enthalten wörtliche Zitate ihrerseits wörtliche Zitate Dritter, so ist dies durch halbe Anführungszeichen (' ') kenntlich zu machen. Der Zitatvermerk in der Fußnote beginnt mit dem Nachnamen des Autors (ohne „Vgl.").

Die Verwendung wörtlicher Zitate sollte sich auf die Zitate beschränken, in denen es auf die genaue Formulierung ankommt. Ebenso ist es möglichst zu vermeiden, größere Auszüge wörtlich zu zitieren, da dies nicht der Zielsetzung einer wissenschaftlichen Arbeit entspricht. Aber auch nicht-wörtliche Zitate, d. h. **sinngemäß** entnommene Stellen eines Zitats sind kenntlich zu machen (Kurzbeleg oder Fußnote). Hier wird auf die Anführungszeichen verzichtet, stattdessen muss in der Fußnote der Quellenbeleg mit **„Vgl.**" begonnen werden.

4.5.3 Zitieren mit Kurzbeleg

Der Kurzbeleg findet zunehmend größeren Anklang, da er einfacher und weniger aufwendig ist als der Vollbeleg. Es wird hierbei unterschieden in Kurzbeleg innerhalb des Textes und der Kurzbeleg als Fußnote. All die genannten Varianten (Vollbeleg, Kurzbeleg im Text oder in der Fußnote) sind wissenschaftlich korrekt, jedoch gibt es bei vielen Lesern bestimmte Vorlieben bzw. Abneigungen. Daher ist es zu empfehlen, die Verwendung von Kurzbelegen mit dem Betreuer abzuklären.

Beim Kurzbeleg im Text wird die Quellenangabe in Kurzform und in Klammer direkt im Anschluss an das Zitat angegeben. Beispiel: (Galperin, S. 374). Eine Fußnote ist somit nicht erforderlich.

Die kürzeste Form des Kurzbelegs erfolgt durch die Nennung des Nachnamens und der Seitenzahl der Quelle. Die Quellenangabe muss jedoch in jedem Fall den **Grundsatz der Eindeutigkeit** erfüllen. Dies besagt, dass eine Quellenangabe, solange sie sich noch auf zwei (oder mehrere) im Literaturverzeichnis aufgeführten Quellen beziehen kann, ergänzungsbedürftig ist.

---

[59] Vgl. Theisen, M. R.: Wissenschaftliches Arbeiten, Technik – Methodik – Form, hrsg. von: Dichtl, E.; Issing, O., 11. Aufl., München 2002, S. 148 f.

- Werden mehrere Werke eines Autors zitiert, werden diese durch die Angabe der Erscheinungsjahre gekennzeichnet: Beispiel:
  Meffert 2005, S. 300.
- Werden mehrere Werke eines Autors und mit dem gleichen Erscheinungsjahr zitiert, wird die Jahreszahl zusätzlich mit Kleinbuchstaben ergänzt.
  Beispiel: Meffert 2005a, S. 300. In diesem Fall muss der Buchstabe auch im Quellenverzeichnis an die Jahreszahl angehängt werden.
- Werden mehrere Autoren mit dem gleichen Nachnamen zitiert, wird dieser durch den Anfangsbuchstaben des Vornamens ergänzt. Beispiel: Mayer, A., S. 297.

Alle weiteren bibliographischen Angaben (Vorname, Titel, Auflage, Ort, Erscheinungsjahr) sind im Quellenverzeichnis zu finden. Der Leser muss in der Lage sein, die Quelle anhand der Daten des Kurzbelegs im Quellenverzeichnis schnell und eindeutig zu finden. In manchen Büchern werden ergänzend zum Namen noch Stichwörter in den Kurzbeleg aufgenommen, die dann auch im Quellenverzeichnis als Verbindungsglied wieder zu finden sind. Werden o. g. Regeln zur Eindeutigkeit eingehalten, ist dagegen dieser Zusatz rein formal nicht erforderlich. Es sei denn, dass die Quelle keinen Verfasser enthält, dann muss auf die Stichwortlösung zurückgegriffen werden Beispiel: o. V. Finanzierung, S. 3.

4.5.4 Zitieren mit Vollbeleg

Wird mit Vollbeleg zitiert, erscheinen die vollständigen Quellenangaben grundsätzlich in einer Fußnote. Der Leser erhält somit die vollständigen Quellenangaben ohne zusätzliches Blättern im Quellenverzeichnis. Nachfolgend werden für die gängigen Quellentypen Zitierbeispiele vorgestellt. Sie werden bei der Lektüre anderer wissenschaftlichen Arbeiten feststellen, dass für ein und denselben Quellentyp viele verschiedene Zitatformen verwendet werden. Es gibt keine generelle Regel, an die sich alle halten müssen, z. B. in Bezug auf die Satzzeichen, Reihenfolge etc. Wichtig ist jedoch, dass

- eine einmal gewählte Form (Inhalt, Reihenfolge, Satzzeichen) durchgängig angewendet wird.
- alle notwendigen Quellenangaben enthalten sind, so dass nicht im Quellenverzeichnis nachgeschlagen werden muss.

Notizen

Nehmen Sie somit nachfolgende Zitiermuster als Vorschläge, die Sie an Ihre Vorstellungen oder die des Betreuers anpassen können (z. B. ergänzende Nennung des Verlags, andere Kommasetzung etc.)

Grundmuster Buch/Einzelwerk (Monographie):

[1] Vgl. Meffert, H.: Marketing., 9. Aufl., Wiesbaden 2000, S. 100.

Es gilt zu beachten:

- Reihenfolge und Interpunktion: **Vgl. Verfassernachname, Anfangsbuchstabe des Vornamens.: Buchtitel**. evtl. Untertitel, **Aufl., Verlagsort Erscheinungsjahr, Seite.**
- Bei nichtwörtlichen (sinngemäßen) Zitaten beginnt die Fußnote mit „Vgl.".
- Akademische Titel werden **nicht** aufgeführt.
- Gibt es mehrere Bücher mit demselben Buchtitel (z. B. mit dem Titel „Marketing") sollten zur besseren Unterscheidung vorhandene Untertitel mit aufgeführt werden.
- Die Auflage wird abgekürzt (Aufl.). Handelt es sich um die 1. Auflage, ist die Nennung nicht erforderlich.
- Der Verlag muss nicht (aber kann) mit aufgeführt werden.
- Da jede Fußnote einen Satz für sich darstellt, wird der Satz groß begonnen und mit einem Punkt beendet.

Diese Grundregeln gelten analog für die folgend aufgeführten Zitierbeispiele. Grundsätzlich muss es für den Leser möglich sein, das zitierte Werk anhand der Informationen in der Fußnote zu beschaffen.

Buch mit mehreren Autoren:

Vgl. Berekoven, L.; Eckert, W.; Ellenrieder, P.: Marktforschung. Methodische Grundlagen, 10. Aufl., Wiesbaden 2004, S. 39.

Es gilt zu beachten:

- Bei bis zu drei Autoren sind diese alle mit Nachnamen und den Anfangsbuchstaben der Vornamen aufzuführen. Zwischen den einzelnen Autoren wird ein Strichpunkt gesetzt.
- Bei einer Zahl von mehr als drei Autoren genügt es, den ersten Autor anzugeben mit dem Zusatz **u. a.**, z. B. Kallmann, H. u. a.

Notizen

Dasselbe gilt analog für mehrere Herausgeber und Erscheinungsorte.

Beiträge aus Sammelwerken (mit Herausgeber)

Vgl. Birkmann, K.: Rahmenbedingungen und Einflussfaktoren auf Lernprozesse in internationalen Strategischen Allianzen, in: Holtbrügge, D. (Hrsg.): Die Internationalisierung von kleinen und mittleren Unternehmungen, Stuttgart 2003, S. 20.

Zu beachten:

- Ein Sammelwerk besteht aus Aufsätzen verschiedener Autoren.
- In der Fußnote erscheint zuerst der Name des Autors (des jeweiligen Aufsatzes) mit dem Titel des Aufsatzes.
- Nach dem Titel des Aufsatzes muss angegeben werden, in welchem Sammelwerk der Aufsatz aufzufinden ist (s. Beispiel).
- An den Namen des Herausgebers wird – in Klammer gesetzt – die Abkürzung „Hrsg." (Herausgeber) angefügt.
- Ist ein Sammelwerk mit Spalten statt der Seitenzahl versehen, muss die entsprechende Spaltenzahl angegeben werden (abgekürzt: Sp.)

Zeitschriftenbeitrag:

Vgl. Bachstätt, K.: Betriebliches Forderungsmanagement unter Ratingaspekten, in: Kredit & und Rating Praxis 2/2006, S. 18 ff.

Zu beachten:

- Nach dem Namen des Verfassers wird der Titel des Artikels aufgeführt.
- Im Anschluss wird mit „in:" angegeben, in welcher Zeitschrift der Artikel erschienen ist (Name und Ausgabe der Zeitschrift, evtl. Jahrgang, Seitenzahl/en).
- Die Ausgabe und Jahreszahl wird genau in der Form angeben, wie die se auf der Zeitschrift angegeben ist.

Zeitungsartikel:

Vgl. o. V.: Der Südwesten liegt wirtschaftlich vorn, in: Stuttgarter Zeitung vom 4. Febr. 06, S. 15.

Notizen

Zu beachten:

- Ist bei einem Zeitungsartikel kein Verfasser angegeben, muss dies mit „o. V." (ohne Verfasser) gekennzeichnet werden.
- Im Anschluss erscheint die Überschrift des Artikels, wenn notwendig auch mit Untertitel.
- Nach der Überschrift erfolgt die Nennung der Zeitung (Name und Ausgabe), mit Seitenangabe.

Gesetzestexte:
Gesetzesangaben können direkt in Text mit aufgenommen oder in einer Fußnote zitiert werden.
Beispiel im Text:
„Das Einkommenssteuergesetz (EStG) definiert in § 5 Abs. 1, Satz 1 die Grundlage der Gewinnermittlung für Gewerbetreibende.

Beispiel als Fußnotenzitat:

§ 5 Abs. 1 Satz 1 EStG.

Zu beachten:

- Ist eine gesetzliche Vorschrift zum Verständnis der Ausführungen erforderlich, sollte sie im Text unmittelbar zitiert werden.
- Wird der Paragraph in der Fußnote genannt, dann entfällt das vorangestellte „Vgl.". Juristen verweisen zu Recht darauf, dass es bei Gesetzen nichts „zu vergleichen" gibt, sondern Fakten dargestellt sind.
- Neben dem Paragraphen müssen ggf. auch der Absatz und Satz genannt werden.[60]

Vorlesungs-/Seminarunterlagen:
Mitschriften aus Seminaren oder ausgegebene Skripte sind nicht direkt zitierfähig, da sie nicht veröffentlicht wurden und somit auch Dritten nicht zur Verfügung stehen. Die Verwendung dieser Unterlagen sollte nur in Ausnahmefällen erfolgen und auf jeden Fall mit dem Dozenten bzw. Betreuer abgesprochen werden. Wird dennoch Bezug auf den Vorlesungsstoff genommen, muss in einer Fußnote darauf hingewiesen werden. Formvorschriften gibt es hierfür nicht.

60 Vgl. Theisen, M. R.: Wissenschaftliches Arbeiten, Technik – Methodik – Form, hrsg. von: Dichtl, E.; Issing, O., 11. Aufl., München 2002, S. 157 f.

Beispiel:

Skript Vorlesung Marketing, Folie 22 – 27 bei Prof. Dr. Hans Mayer am 10.05.2006

Informationen aus dem Internet:
In immer stärkerem Maße werden Informationen über das Internet beschafft. Auch hier muss die Quelle so angegeben werden, dass die verwendeten Informationen von Dritten auffindbar sind. Es ist die genaue Internetadresse und nicht nur die der Startseite anzugeben.

Tipp: die Internetadresse aus der Kopfzeile des Browsers kopieren (Strg + c) und in der Fußnote einfügen (Strg + v). Da die Internetadressen (URL) häufig aus vielen unzusammenhängenden Buchstaben bestehen, werden Übertragungsfehler so am besten vermieden.

Beispiel:

Vgl. o. V. : ABC-Analyse, http://www.4managers.de/themen/abc-analyse/, 21.08.2006

Zu beachten: Es muss das Recherchedatum angegeben werden (da Internetinhalte sehr dynamisch sind und einem schnellen Wandel unterliegen).

Informationen aus Interviews:
Werden Passagen aus eigens durchgeführten Interviews zitiert, muss in einer Fußnote auf das Interview hingewiesen werden. Der Wortlaut des Interviews sollte so genau wie möglich, wenigstens aber stichwortartig, im Anhang aufgeführt sein. Mit dem Interviewpartner muss abgeklärt werden, ob in der Arbeit aus dem betreffenden Interview zitiert werden darf.

Beispiel:

Interview mit Herrn Mayer, Fa. xy am 10.05.06 zum Thema Kundenbetreuung, vollständiges Interview siehe Anhang S. 99.

Notizen

Informationen aus Firmenmaterial:

Als Firmenmaterial zählen u. a. Geschäftsberichte, Firmenbroschüren, Werbeunterlagen etc. Beispiel:

Vgl. Fa. Mustermann: Geschäftsbericht 2001 München 2002, S. 22.

4.5.5 Abkürzungen in Fußnoten

Folgende Abkürzungen können im Zusammenhang mit Zitaten in Fußnoten verwendet werden:

o. V.: ist der Verfasser eines Werkes, Aufsatzes oder Artikels nicht bekannt, muss dies mit „o. V." gekennzeichnet werden.

o. O.: der Erscheinungsort ist nicht bekannt.

o. J.: das Erscheinungsjahr ist nicht bekannt.

o. S.: die Seitenzahl ist nicht bekannt.

a. a. O.: diese Abkürzung steht für „am angegebenen Ort". Ist in einer Fußnote ein Titel in seinem vollen Wortlaut zitiert worden, so kann bei weiteren Zitaten darauf verzichtet werden, diesen Titel mit allen Angaben noch einmal anzuführen. Es genügt die Nennung des Verfassernamens mit dem Zusatz a.a.O., z. B.
[5] Vgl. Salcher a. a. O., S. 3.

ebd.: ebenda – bei aufeinander folgenden Verweisen auf einer Textseite, die sich nicht nur auf dasselbe Werk, sondern auch auf dieselbe Seite beziehen, wird beim zweiten und jedem nachfolgenden Verweis „ebenda" oder abgekürzt „ebd." angegeben. Bei der gleichen Quelle, aber unterschiedlichen Seitenzahlen, muss diese noch mit angegeben werden (z. B. Vgl. ebd., S. 4).

f.: Bezieht sich ein Verweis auf zwei aufeinander folgende Seiten einer Quelle, kann dies durch den Zusatz „f." (folgende) angegeben werden.

ff.: Bezieht sich ein Verweis auf mehrere fortlaufende Seiten der Quelle, ist dies durch den Zusatz „ff" (fortfolgende) zu kennzeichnen.

Notizen

4.6 Fertigstellung der Wissenschaftlichen Arbeit

Nach Fertigstellung des Textentwurfs kommt der „Feinschliff", d. h. die Arbeit wird inhaltlich und formal überarbeitet.

4.6.1 Inhaltliche Überarbeitung

Inhaltlich ist bei der Fertigstellung der Arbeit zu prüfen, ob

- die Gliederung (Inhaltsverzeichnis) logisch aufeinander aufgebaut ist, eine roter Faden zu erkennen ist und die Gliederungspunkte in einem ausgewogenen Verhältnis zueinander stehen.
- die getroffenen Aussagen plausibel, nachvollziehbar und inhaltlich korrekt sind.
- mit einer guten Einleitung in die Arbeit eingeführt und mit einem gelungenen Abschluss die Arbeit abgerundet wird.

Zwischen der Erstellung des Textentwurfs und der Fertigstellung sollte nach Möglichkeit ein zeitlicher Puffer von mind. 5 Tagen eingeplant werden. Denn nur wenn Sie die Arbeit für ein paar Tage ruhen lassen, werden Ihnen inhaltliche Unsauberkeiten auffallen. Bei einer direkt an die Erstellung anschließenden Überarbeitung fehlt die notwendige Distanz zu einer kritischen Prüfung.

4.6.2 Formale Überarbeitung

Auch für die formale Überarbeitung ist eine „Ruhezeit" von ca. 5 Tagen von Vorteil, damit eigene Fehler (Rechtschreibung, Satzbau etc.) erkannt werden. Es reicht nicht aus, sich hier nur auf die Rechtschreibüberprüfung des Textverarbeitungsprogramms zu verlassen. Weiterhin ist es zu empfehlen, die Endkorrektur auf einem Papierausdruck und nicht am Monitor vorzunehmen. Am Ende sind nochmals alle Querverweise, Verweise auf den Anhang, die Abbildungs- und Tabellen-Nr. zu überprüfen. Schlussendlich muss noch überprüft werden, ob alle zitierten Quellen im Quellenverzeichnis enthalten sind.
Lassen Sie die Arbeit nach Möglichkeit auch noch durch eine weitere Person überprüfen, denn trotz Ruhezeit fallen einem selber manche Fehler oder Ungereimtheiten nicht mehr auf. Diese Form der Unterstützung ist erlaubt und steht nicht im Widerspruch zur Eigenständigkeitserklärung.
In Zusammenhang mit der Endkorrektur ist auch der Schreibstil zu überprüfen. Hierbei ist besonders darauf zu achten, dass

- nicht zu viele Fremd-, Fach- und Modewörter benutzt werden.
- Symbole, Vergleiche und Bilder allgemein verständlich und nachvollziehbar sind.
- der Text nicht zu umgangssprachlich formuliert ist.

Notizen

- die Sätze klar strukturiert und nicht zu verschachtelt sind.
- keine „Ich-Form“ verwendet wird (stattdessen oder „der/die Verfasser/in...).

Der Sprachstil muss den Anforderungen eines wissenschaftlichen Textes entsprechen. Das Thema ist sachlich darzustellen und kritisch zu diskutieren. Um diese Anforderungen zu erfüllen, sollten Sie die gewählten Formulierungen kritisch prüfen und sich für das Feilen an den Worten und Sätzen ausreichend Zeit einplanen. Generelle Merkmale einer wissenschaftlichen Textgestaltung sind vor allem:

- klare Gedanken und eine logisch nachvollziehbare Gedankenfolge
- Verständlichkeit
- eindeutige, unmissverständliche und treffende Aussagen
- prägnante und anschauliche Formulierungen.[61]

Meist stellt sich auch die Frage, ob die Arbeit nur in männlicher oder auch in weiblicher Form geschrieben werden soll. Die Verwendung beider Formen entspricht zwar den Bemühungen der Gleichstellung, wirkt sich aber häufig negativ auf einen runden Textfluss aus. Deshalb sollte alternativ in der Einleitung darauf hingewiesen werden, dass die männliche Form auch die weibliche Form mit einschließt.

4.7 Integration von empirischen Studien

Neben der Analyse und Auswertung der klassischen Literatur, können auch eigene Erhebungen durchgeführt werden, insbesondere bei problemorientierten oder sozialwirtschaftlichen Themen. Es wird unterschieden in Primär- und Sekundärerhebung (bzw. auch Primär- und Sekundärforschung genannt).

4.7.1 Die Primärerhebung

Bei einer Primärerhebung bzw. Primärforschung werden direkte Informationen über Meinungen, Motive oder Verhaltensweisen von bestimmten Personen eingeholt. In diesem Kapitel werden Ihnen die Anforderungen an eine Primärerhebung aufgezeigt.

61 Vgl. Rossing, E,; Prätsch, J.: Wissenschaftliche Arbeiten, Hamburg 1988, S.106.

Notizen

Allgemeine Anforderungen an eine Primärerhebung
Es gibt folgende Wege der Informationsbeschaffung:

- Befragung (schriftlich, mündlich, telefonisch)
- Beobachtung
- Experimente [62]

Grundsätzlich gilt: Die Personen müssen hierbei für die Fragestellung repräsentativ sein.
Bei studentischen Abschlussarbeiten wird vorzugsweise auf die Methode der Befragung zurückgegriffen, z. B. Kundenbefragungen, Passantenbefragungen, Kundenzufriedenheitsanalysen, Bedarfsanalysen etc. Aus diesem Grund wird diese Form der empirischen Studie nachfolgend näher erläutert.
Der Vorteil der Primärforschung liegt vor allem in der Aktualität der Daten, der zielgerichteten (auf die eigenen Belange zugeschnittenen) Informationen und der genauen Zielgruppenfestlegung. Nachteilig wirkt sich der Zeitaufwand aus, der die Integration einer Primärstudie in eine wissenschaftliche Arbeit häufig zunichte macht. Weiterhin ist eine Primärstudie fast immer mit Kosten verbunden. Für die Verwendung der Ergebnisse in einer wissenschaftlichen Arbeit kann sich bei einer schriftlichen Befragung, ein geringer Rücklauf als problematisch erweisen, da somit die Repräsentativität gefährdet ist.
Wird eine empirische Studie in die Arbeit integriert, sollten in den Textteil folgende Erläuterungen eingebaut werden:

- Ziel der Untersuchung, was soll damit erreicht werden?
- Mögliche Untersuchungsmethoden (Alternativen) und Begründung für die ausgewählte Methode.
- Beschreibung der Methode (Befragungsdesign): z. B. Zielgruppen, Stichprobenauswahl, Stichprobenumfang.
- Kurze Erläuterung zum Aufbau des Fragebogens (der komplette Fragebogen sollte in den Anhang genommen werden).

Zu den Ergebnissen der Studie wird in den entsprechenden Kapiteln Stellung genommen. Die Auswertungsergebnisse sollten nicht nur textlich sondern auch grafisch dargestellt werden, da so die Informationen vom Leser leichter erfasst werden. Weiterhin sind die Ergebnisse zu analysieren und interpretieren. Je nach Themenstellung sind entsprechende Handlungsalternativen

62 Vgl. Salcher, E. F.: Psychologische Marktforschung, Berlin, New York 1978, S. 24.

Notizen

abzuleiten. In Bezug auf die Stichprobenauswahl wird unterschieden in eine Vollerhebung (z. B. Befragung aller Kunden) und eine Teilerhebung. Bei der Teilerhebung wird nur ein Teil der gesamten Zielgruppe befragt, d. h. hier ist eine Auswahl der Adressen vorzunehmen. Soll das Ergebnis durch diese Auswahl nicht beeinflusst bzw. verfälscht werden, muss eine Zufallsauswahl vorgenommen werden, z. B. jede 4. Adresse (alphabetisch sortiert). Richtet sich die Befragung nur an einen bestimmten Teil der Zielgruppe (z. B. alle Kunden, die regelmäßig bestellen oder Großkunden etc.) ist eine entsprechende Vorauswahl der Adressen vorzunehmen. Weitere Ausführungen zur Stichprobenauswahl erhalten Sie in der Marktforschungsliteratur.

Die schriftliche Befragung

Bezüglich der Durchführung einer schriftlichen Befragung muss ein Fragebogen erstellt werden. Dies erfordert verhältnismäßig viel Zeit, da er mit den eingebundenen Personen wie Betreuer und Ansprechpartnern im Unternehmen abgestimmt werden muss. Weiterhin sollte ein Pre-Test durchgeführt werden, d. h. der Fragebogen wird ca. drei bis fünf Testpersonen aus der Zielgruppe vorgelegt, die den Fragebogen beantworten und Verbesserungsmöglichkeiten vorschlagen sollen. Dieser zeitliche Aufwand, verbunden mit der Rücklauf- und Auswertungszeit führt dazu, dass eine derartige Studie in einer viermonatigen Bearbeitungszeit einer Studienarbeit kaum zu realisieren ist. Auch bei einer achtmonatigen Bearbeitungszeit der Bachelor-Thesis sollte möglichst frühzeitig mit der Durchführung der Befragung begonnen werden.

Für die Gestaltung des Fragebogens gibt es gewisse Anforderungen (siehe Marktforschungsliteratur), die beachtet werden müssen. Der Fragebogen sollte mit einer Überschrift versehen sein, z. B. „Kundenzufriedenheitsanalyse". Die genaue Zielsetzung wird im Anschreiben erläutert. Die erste Frage sollte eher allgemein gehalten werden (einleitende Frage); sie erfüllt die „Warming up"-Funktion. Für die weiteren Fragen gilt „vom Allgemeinen zum Besonderen". Am Ende des Fragebogens werden die statistischen Daten wie Geschlecht, Altersklasse, Einkommensklasse, Ausbildung etc. erhoben. Die Einteilung in Klassen ist insbesondere beim Alter und Einkommen wichtig, da die Befragten hierzu ungern die genauen Daten nennen möchten. Die statistischen Daten können für die Auswertung von hoher Bedeutung sein, wenn untersucht werden soll, ob bestimmte Ergebnisse von bestimmten Faktoren wie z. B. Geschlecht oder Einkommen abhängen.

Die Fragebögen werden den befragten Personen meistens auf postalischem Weg zugesandt. Da mit einer geringen Rücklaufquote zu rechnen ist (bei vielen Befragungen unter 10 %) müssen entsprechend viele Fragebögen ver-

Notizen

sendet werden, um eine zufriedenstellende Repräsentanz zu erreichen. Folgende Maßnahmen können dazu beitragen, den Rücklauf zu erhöhen:

- Sofern möglich, an den für die Fragestellung zuständigen Ansprechpartner adressieren.
- Fragebogen so kurz wie möglich halten (möglichst nur 1 Blatt, Vorder- und Rückseite).
- Die Befragung für den Adressaten einfach gestalten (viel Ankreuzfragen, keine komplizierten Fragen, wenig Schreibaufwand).
- Sofern möglich, Briefpapier der Hochschule benutzen oder eine Bestätigung der Hochschule beifügen, dass Sie diese Studie im Rahmen Ihres Studiums erstellen. Häufig verfügen die Adressaten selbst über einen Studienabschluss und sind gegenüber Studierenden somit loyaler eingestellt.
- Die Rücksendung so einfach wie möglich gestalten, z. B. mit frankiertem und adressiertem Briefumschlag.
- Gewährleistung der Anonymität (hat jedoch den Nachteil, dass keine adressgenaue Rücklaufkontrolle durchgeführt werden kann).

Für den Rücklauf der Fragebögen sollten mindestens drei Wochen eingerechnet werden. Während dieser Zeit kann bereits mit der Erstellung der Auswertungsmaske und Eingabe der ersten zurückgesendeten Fragebögen begonnen werden.

Die schriftliche Befragung weist folgende Vor- und Nachteile auf:

Vorteile	Nachteile
■ relativ kostengünstig ■ ohne Interviewereinfluss ■ Befragter kann sich selbst die Zeit einteilen ■ Anonymität kann i.d.R. gewährleistet werden	■ keine Rückfragemöglichkeit bei Unklarheiten ■ keine Sicherheit darüber, wer den Fragebogen beantwortet ■ geringe Rücklaufquoten ■ keine Spontanfragen möglich ■ teilweise lange Rücklaufzeit

Tab. 7: Bewertung schriftliche Befragung

Die mündliche Befragung

Bei der mündlichen Befragung werden ausgewählte Personen von einem „Interviewer" zu einem bestimmten Thema befragt. Diese Form wird z. B. für Passantenbefragungen oder bei komplexen Fragestellungen genutzt. Der Fragebogen wird durch den Interviewer ausgefüllt. Es ist wichtig, dass der

Notizen

Schreibaufwand relativ gering gehalten wird, damit der Interviewer nicht zu sehr vom Zuhören abgelenkt wird. Die Zahl der Interviews ist eingeschränkt, da der Zeitaufwand für Anreise/Abreise und des Interviews relativ hoch ist. Eine Repräsentativität kann aufgrund der niedrigeren Anzahl an Befragungen meist nicht erreicht werden, wobei der Fokus bei der mündlichen Befragung mehr auf die Meinung bestimmter Personen als auf die einer Vielzahl von Personen liegt.

Bewertung:

Vorteile	Nachteile
■ Spontanfragen sind möglich ■ komplexe Sachverhalte können befragt werden ■ Rückfragen sind möglich ■ Hintergrund zur Befragung kann besser erläutert werden = Förderung der Antwortbereitschaft	■ Gefahr, der nicht wahrheitsgemäßen Beantwortung, da keine Anonymität gewährleistet ist oder eine Hemmnis gegenüber Interviewer gegeben ist ■ zeitaufwändig, i.d.R. mit Reiseaufwand verbunden ■ geringe Stichprobenzahl ➔ Repräsentativität?

Tab. 8: Bewertung der mündlichen Befragung

Telefonische Befragung

Die telefonische Befragung eignet sich für kurze und konkrete Fragestellungen bzw. Expertenbefragungen. Sie kann ggf. auch als Pre-Test zur Vorbereitung einer größeren Befragung eingesetzt werden. Der Interviewer benötigt einen professionellen Telefon-Leitfaden. Die Interviews werden häufig von Call-Centern durchgeführt.

Bewertung:

Vorteile	Nachteile
■ relativ kostengünstig ■ durch Call-Center durchführbar ■ gut geeignet für Blitzumfragen	■ Übersättigung an Befragungsanrufen ➔ geringe Antwortbereitschaft ■ nur einfache Skalen abfragbar ■ Fragebogen darf nicht zu lang sein

Tab. 9: Bewertung der telefonischen Befragung

Notizen

Elektronische Befragung

Mit den heutigen kommunikationstechnischen Möglichkeiten lassen sich Befragungen auch auf dem elektronischen Weg durchführen. Die Befragten erhalten den Fragebogen per E-Mail zugesandt oder erhalten mit der E-Mail einen direkten Link zum Fragebogen. Bei dieser Form der Befragung wurde bereits eine gewisse Vorauswahl der Zielgruppe vorgenommen, da es einerseits Personen gibt, die dieser Vorgehensweise sehr offen gegenüberstehen, relativ fortschrittlich sind und den Fragebogen auch eher beantworten werden. Andererseits wird es aber auch Personen geben, die man mit dieser Art von Befragung nicht erreicht. Aufgrund dessen muss konkret geprüft werden, ob diese Trennung Einfluss auf das Ergebnis nimmt. Beispiel: Die Frage nach der Häufigkeit der Internetnutzung wird von den Teilnehmern dieser Befragung sicherlich höher beantwortet werden, als dies bei einer schriftlichen Befragung der Fall wäre.

Bewertung:

Vorteile	**Nachteile**
■ günstige Versendung (E-Mail oder Website) ■ Ergebnisse werden bei professionellem Programm gleich in die Auswertungsdatenbank eingetragen	■ Einschränkung der Fragemöglichkeiten durch einen vorgegeben Katalog an Antwortmöglichkeiten (Skalen etc.) ■ nur für Internet/E-Mail-User ■ evtl. Verfälschung des Ergebnisses, da ggf. die User dieser Möglichkeit etwas fortgeschrittener sind

Tab. 10: Bewertung elektronische Befragung

Frageformen

Nachfolgend werden die bedeutendsten Frageformen dargestellt und durch Beispiele ergänzt.

1. Geschlossene Fragen: Bei geschlossenen Fragen hat der Befragte nur ganz bestimmte Antwortmöglichkeiten. Die Beantwortung erfolgt durch ankreuzen.

Beispiele:

a) Wie beurteilen Sie die wirtschaftliche Lage der BRD zum heutigen Zeitpunkt?

❐ sehr gut ❐ gut ❐ weniger gut ❐ schlecht

→ Skalafrage, da die Antwortmöglichkeiten eine Rangreihe bilden

Notizen

b) Wünschen Sie sich einen Regierungswechsel?

❐ Ja ❐ Nein ❐ Weiß nicht

⟶ Alternativfrage.

Vorteile	**Nachteile**
■ erleichtert die Antwortgebung für den Befragten ■ kann schnell beantwortet werden ■ leichter auswertbar (Anzahl, %)	■ eingeschränktes Antwortspektrum ■ es müssen die richtigen Antwortvorgaben gewählt werden ■ die Antwortvorgaben können beeinflussend wirken

Tab. 11: Bewertung geschlossene Frage

2. Offene Fragen: Bei offenen Fragen muss der Befragte seine Antwort selbst formulieren und z. B. handschriftlich in den Fragebogen eintragen.
Beispiel:
Angenommen Sie würden heute die Bundeskanzlerin treffen, was würden Sie Ihr raten?
Es gibt auch halboffene Fragen. Hier werden geschlossene Fragen durch eine offene Frageform ergänzt.
Beispiel:
Durch welche Medien informieren Sie sich hauptsächlich über das politische Tagesgeschehen?

❐ TV-Nachrichten

❐ Magazine und zwar:__________________

Die Vor- und Nachteile der offenen Fragen ergibt sich aus den gegenläufigen Bewertung der geschlossenen Fragen.

3. Filterfragen: Mit Filterfragen wird der Befragte je nach Antwort zur nächsten Frage geleitet. So kann vermieden werden, dass der Befragte Fragen beantworten soll, die ihn gar nicht betreffen.
Beispiel:
Lesen Sie den Politikteil in Ihrer Tageszeitung?

❐ Ja ⟶ Bitte weiter mit Frage 4

❐ Nein ⟶ Bitte weiter mit Frage 8.

Notizen

Auswertung der Befragung

Um die Daten der zurückgesendeten Fragebögen professionell auszuwerten, müssen diese in ein EDV-System eingegeben werden. Hierfür stehen zahlreiche Programme zur Auswahl, u. a.:

- SPSS[63]: Dies ist ein spezielles Statistikprogramm für Marktforschungsaufgaben. Es arbeitet mit einer Windows-Oberfläche. Standardauswertungen sind bereits nach kurzer Einarbeitung machbar. Das Programm ist relativ teuer, jedoch ist es an vielen Hochschulen installiert und kann dort genutzt werden. Die Daten sind in Excel exportierbar, so dass die se auch an anderen Arbeitsplätzen weiterverarbeitet werden können.
- Excel: Dieses Programm ist Teil des Microsoft-Office-Pakets und ist bei den meisten PC-Nutzern im Einsatz. Vorteil von Excel ist, dass bei den meisten Personen bereits Anwendungserfahrungen vorliegen und relativ schnell mit der Dateneingabe und Auswertung begonnen werden kann. Die Auswertungsmöglichkeiten und grafischen Darstellungen sind im Vergleich zu SPSS eingeschränkt, reichen aber im Normalfall für die Auswertung im Rahmen einer wissenschaftlichen Arbeit aus.

Der erste Schritt der Auswertung beginnt mit dem Anlegen der Datenmaske. Es empfiehlt sich, die Datenmaske bereits parallel zur Erstellung des Fragebogens anzulegen. Auf diese Weise können Sie noch frühzeitig Einfluss auf die Auswertbarkeit einzelner Fragen nehmen.

Die Datenmaske sollte so aufgebaut werden, dass jeder Fragenbogen einzeln eingegeben werden kann. Damit können die Fragebögen sukzessive eingegeben werden und die Auswertungsmöglichkeiten sind umfangreicher. Vor der Erstellung der Datenmaske muss der Fragebogen kodiert werden. Jede Frage und jede Antwortmöglichkeit bekommt eine Nummer. Für jede angekreuzte Antwort wird bei der Dateneingabe eine 1 eingegeben, ansonsten eine 0.

Beispiel:

1. „Wie häufig lesen Sie eine Tageszeitung?"

❒ täglich	→	Code	1-1
❒ 2 – 3 pro Woche	→	Code	1-2
❒ ca. 1x pro Woche	→	Code	1-3
❒ ca. 2 – 5 x im Monat	→	Code	1-4
❒ nie	→	Code	1-5

63 Der Name SPSS stand ursprünglich für „Statistical Package for the Social Sciences". Heute wird nur noch die Abkürzung SPSS für Produkt und Unternehmen verwendet.

Notizen

FB	1-1	1-2	1-3	1-4	1-5	2-1	...
1	1	0	0	0	0	1	
2	0	0	0	1	0	0	
3	0	0	0	1	0	0	
4	1	0	0	0	0	0	
5	0	0	1	0	0	0	
...	0	0	1	0	0	0	

Abb. 9: Beispiel Datenmaske

Die Spalte „FB" enthält die Nummern der Fragebögen. Diese werden meist erst im Rahmen der Dateneingabe nummeriert. Damit kann auch kontrolliert werden, welche und wie viele Bögen bereits eingegeben wurden. Die nachfolgenden Spalten sind für die Antworten vorgesehen. Viele Fragen sehen mehrere Antworten zur Auswahl vor. Für jede Antwortmöglichkeit wird eine Spalte vorgesehen und mit einer Nummer (1-1, 1-2...) gekennzeichnet. Der Aufwand für die Erstellung ist zwar relativ zeitaufwändig, aber es erleichtert die Eingabe, die Kontrolle und vor allem die Auswertung. Beispielsweise kann für jede Spalte die Summe gebildet werden. So wird z. B. berechnet, wieviele Befragte die Antwort 1-1 angekreuzt haben. Excel bietet bereits einige Formeln an (Summe, Prozent, Durchschnitt...), ansonsten können mit einer gewissen Übung auch selbst Formeln eingegeben werden.
Die Liste an Auswertungsmöglichkeiten ist hoch, z. B.

- absolute Häufigkeiten: Anzahl der Nennungen (bzw. angekreuzte Felder)
- relative Häufigkeiten: prozentuale Nennung in Vergleich zur Gesamtsumme
- einfaches arithmetisches Mittel (Durchschnitt)
- gewogenes arithmetisches Mittel (mit der Häufigkeit gewichteter Durchschnittswert)
- häufigster Wert
- Schwankungsbreite (niedrigster und höchster Wert)
- Median (Zentralwert): mittlerer Werte der Datenmenge (sinnvoll, wenn einzelne Werte von der Mehrheit der anderen Werte abweichen)
- Modus (Modalwert): Merkmalsausprägung mit der größten relativen und absoluten Häufigkeit

Notizen

- Korrelationsanalysen (Untersuchung der wechselseitigen Beziehung zweier Merkmale (z. B. wie stark hängt der Konsum bestimmter Güter vom Einkommen ab)
- Regressionsanalyse: Untersuchung einer einseitigen Abhängigkeit, d. h. wie verändert sich eine abhängige Größe bei Veränderung einer unabhängigen Größe).[64]

Neben der statistischen Auswertung sollten die wichtigen Ergebnisse auch grafisch dargestellt werden.

Beispiele für grafische Darstellungen:

1. Säulendiagramm (Anzahl Nennungen)

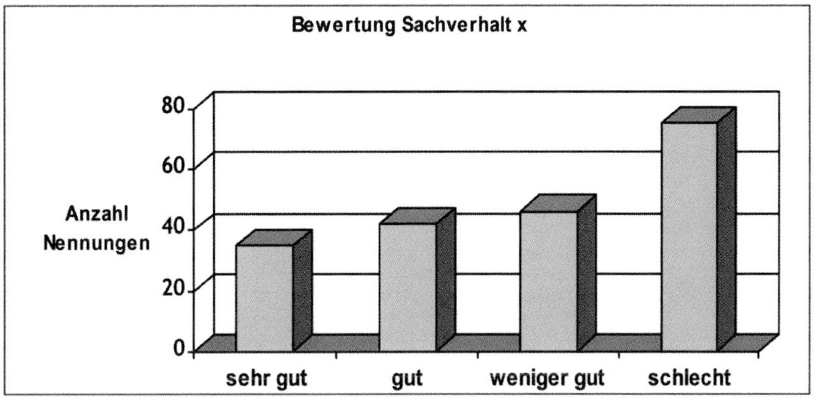

Abb. 10: Beispiel Säulendiagramm

Das Säulendiagramm ist eines der am häufigsten verwendeten Diagrammtypen und eignet sich vor allem zur Darstellung von absoluten Häufigkeiten (Anzahl) und relativen Häufigkeiten (Prozentangaben). Es eignet sich weiterhin für Vergleiche und die Darstellung von Entwicklungen (z. B. Umsatzentwicklung eines Unternehmens in den letzten 5 Jahren). Die Anzahl der Messwerte (Säulen) ist begrenzt, da das Diagramm ansonsten unübersichtlich wird. Eine besondere Form stellen gestapelte Diagramme dar, hierbei wird eine Säule aus Zwischenwerten aufgebaut (z. B. Anzahl Nennungen Männer + Anzahl Nennungen Frauen = Anzahl Gesamtnennungen).

64 Vgl. Kastin, K. S.: Marktforschung mit einfachen Mitteln, München 1995, S. 196 ff; Bosch, K.: Statistik für Nichtstatistiker, 2. Aufl., München 1994, S. 98 ff.

Notizen

2. Balkendiagramme

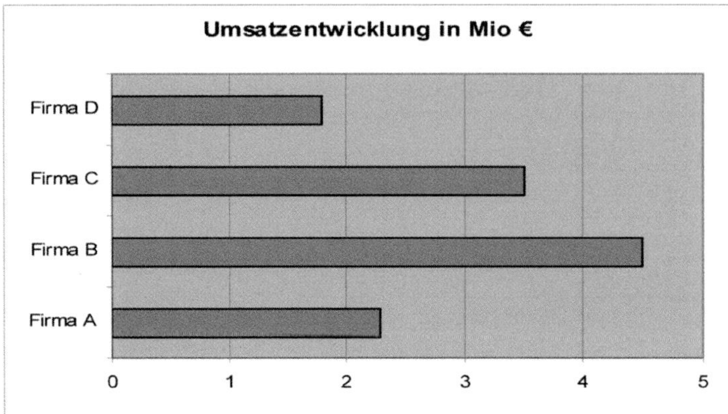

Abb. 11: Beispiel Balkendiagramm

Balkendiagramme eignen sich für die Veranschaulichung von Rangfolgen oder von Verläufen, z. B. bei Wahlen. Eine Spezialform des Balkendiagramms ist das Gantt-Diagramm, das vor allem im Projektmanagement zur Veranschaulichung von zeitlichen Abläufen dient.

3. Liniendiagramme

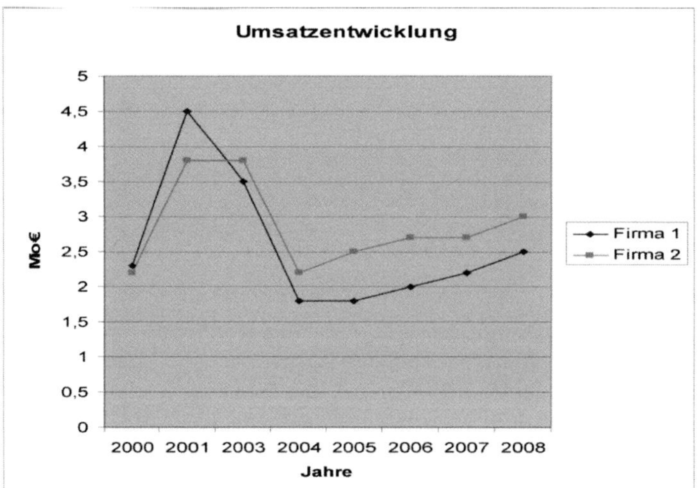

Abb. 12: Beispiel Liniendiagramm

Liniendiagramme werden vor allem für Zeitverläufe eingesetzt. Im Gegensatz zum Säulendiagramm, können hier viele Messwerte (Punkte) dargestellt werden.

Notizen

4. Kreisdiagramme

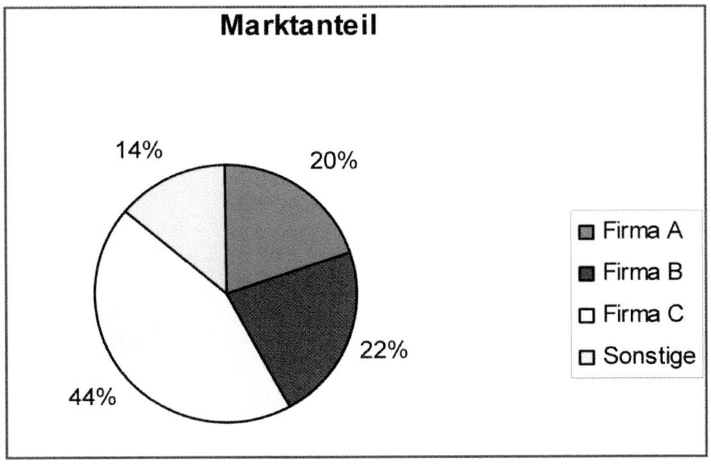

Abb. 13: Beispiel Kreisdiagramm

Kreisdiagramme werden auch als Tortendiagramm bezeichnet, da die einzelnen Flächen wie Tortenstücke aussehen. Diese Tortenstücke stellen Teilwerte eines Ganzen dar. Der Kreis umfasst das Ganze, also die Summe aller Teilwerte. Typische Beispiele für Tortendiagramme sind die Ergebnisse von Wahlen (Stimmanteile) oder Marktanteile von Unternehmen.
Achten Sie bei der Anfertigung von Diagrammen und Graphiken auf folgende Punkte:

- Die Achsen (x und Y, ggf. Z) müssen beschriftet werden.
- Angabe von Maßeinheiten u. ä.(Anzahl, %, Euro....).
- Achten Sie bei der Farbauswahl darauf, dass diese auch bei Schwarz-Weiß-Ausdrucken noch unterschieden werden können (bei Bedarf nicht nur Farben, sondern auch Muster verwenden).

Zu allen Diagrammen, die in den Text aufgenommen werden, muss Stellung bezogen werden, d. h. es bedarf einer Erläuterung, was das Ergebnis für die jeweilige Problemstellung der Arbeit bedeutet. Je nach Themenstellung sind Handlungsempfehlungen abzuleiten.
Da eine empirische Studie meist im Auftrag bzw. mit Unterstützung eines Unternehmens durchgeführt wird, erwartet der Auftraggeber meistens einen ausführlichen Untersuchungsbericht, der sich rein auf die Untersuchung bezieht. Dieser zeitliche Mehraufwand muss mit einkalkuliert werden. Sofern möglich, sollte mit dem Unternehmen vereinbart werden, dass dieser Bericht im Anschluss an die Abgabe der Studienarbeit erstellt werden kann.

Notizen

4.7.2 Die Sekundärforschung

Die Sekundärforschung wird vom Schreibtisch aus betrieben, was ihr den Beinamen „desk research“ eingebracht hat. Die systematische Sammlung und Auswertung von Informationen ist Inhalt und Gegenstand der Sekundärforschung.[65]

Quellen der Sekundärforschung

Bei den Quellen der Sekundärforschung wird unterschieden in interne Quellen, d. h. Daten, die aus dem eigenen Unternehmen stammen und externe (außerbetriebliche) Quellen.

Beispiele interne Quellen:

- Rechnungswesen, Kostenrechnung, Controlling
- Vertriebsstatistiken, Auswertungen Vertriebsberichte
- Planungsdaten
- allgemeines Berichtswesen
- frühere Marktstudien
- Informationen über Kunden/potenzielle Kunden
- Informationen über den Wettbewerb
- Persönliche Erfahrungen und Kenntnisse der Mitarbeiter

Beispiele externe Daten:

- amtliche Statistiken
- Informationen von Verbänden und Kammern
- Informationen von wirtschaftswissenschaftlichen Instituten
- Veröffentlichungen der Fach- und Wirtschaftspresse
- Veröffentlichungen von Marktforschungsunternehmen
- Datenbanken[66]

Bewertung der Sekundärforschung

Die Sekundärforschung bietet nicht zuletzt aufgrund des Internets eine gute Möglichkeit, an vielfältige Daten heranzukommen. Dennoch gibt es einige Einschränkungen, die Unternehmen oder Studierende immer wieder veranlassen, eigene Daten zu erheben. Die Chancen und Grenzen der Sekundärforschung sind in nachfolgender Tabelle zusammengefasst.

---

65 Vgl. Kastin, K. S.: Marktforschung mit einfachen Mitteln, München 1995, S. 196 ff; Bosch, K.: Statistik für Nichtstatistiker, 2. Aufl., München 1994, S. 109.

66 Vgl. ebd., S. 117 ff.

Vorteile/Chancen	Nachteile/Grenzen
■ schnelle Verfügbarkeit der Daten ■ häufig kostenlos erhältlich ■ vielfältige Quellen über das Internet	■ i.d.R. sind die Daten nicht ganz aktuell ■ die Daten sind meistens nicht auf die eigenen Belange zugeschnitten ■ Informationsflut: Auswahl der brauchbaren Daten benötigt viel Zeit ■ die Qualität der Datenerhebung ist nicht bekannt ■ aus unklaren Daten werden evtl. die falschen Schlüsse gezogen.

Tab. 12: Vor- und Nachteile der Sekundärforschung

Notizen

4.8 Zusammenfassung

Im Rahmen eines Studiums sind meist mehrere wissenschaftliche Arbeiten zu erstellen. Hierbei sind bestimmte Formalien und inhaltliche Anforderungen zu berücksichtigen. Die Formalien erstrecken sich vor allem darauf, dass alle notwendigen Bestandteile wie z. B. Abbildungsverzeichnis enthalten sind und alle fremden Quellen korrekt zitiert werden. Ein weiteres wichtiges Bewertungskriterium ist der Aufbau der Arbeit. Unabhängig welcher Ansatz, z. B. funktionaler oder instrumentaler Ansatz, deduktiver oder induktiver Ansatz gewählt wird, muss die Gliederung logisch aufgebaut und der roten Faden erkennbar sein. Es wird geprüft, ob die Aussagen richtig und plausibel dargelegt wurden, d. h. der Leser muss nachvollziehen können, wie der Verfasser zu diesen Aussagen kommt. Die Literatur muss dem Niveau der Arbeit z. B. der Bachelor-Thesis entsprechen.

Viele Praxisarbeiten beinhalten empirische Studien. Während bei der Sekundärforschung bereits vorliegendes Material ausgewertet wird, werden die Daten bei der Primärforschung neu erhoben. Dies hat den Vorteil, dass die Informationen aktuell und auf den eigenen Bedarf zugeschnitten sind. Allerdings benötigt diese Form der Untersuchung sehr viel Zeit. Neben den vorbereitenden Maßnahmen, z. B. Erstellung Fragebogen, Auswahl der Stichprobe, muss ausreichend Zeit für den Rücklauf eingeplant werden. Die Daten sind in einer Datenbank zu erfassen und entsprechend dem Informationsbedarf auszuwerten und zu interpretieren. Unabhängig davon ob eine empirische Studie in die Arbeit integriert wird, empfiehlt sich die Erstellung eines Projektplans. Die in diesem Kapitel aufgezeigten Vorgehensweisen und Regularien können auch für andere Unterlagen, wie z. B. Projektberichte oder Analyseberichte angewendet werden.

Notizen

5 Selbstmanagement im Studienprozess

Mit der Aufnahme Ihres berufsintegrierten Studiums sind sehr wahrscheinlich einige organisatorische Änderungen verbunden. Aufgrund der begrenzten Ressource Zeit werden Sie beruflich wie auch privat häufig an Ihre zeitlichen Grenzen kommen. Dieses Kapitel stellt Ihnen die Instrumente und Methoden eines erfolgreichen Zeit- und Selbstmanagements vor.

5.1 Ziele des Selbstmanagements

Ein funktionierendes Selbstmanagement ist in allen Lebenslagen von hohem Nutzen, sei es im Privatleben, im Berufsleben oder im Studium. Kommen alle drei Komponenten zusammen, ist ein perfektes Selbstmanagement unerlässlich. Es verhindert, dass wir fremdbestimmt agieren und uns planlos treiben lassen. Es stellt sicher, dass wir Vorsätze und Ziele konsequent verfolgen und nicht im nächsten Moment wieder aus den Augen verlieren. Es befähigt uns, Stress bewusst zu bewältigen, abzubauen und zu vermeiden. Weiterhin ist Selbstmanagement die Voraussetzung, dass wir die wenige Zeit die wir haben, möglichst erfolgsorientiert einsetzen. *Kurt Nagel*, Professor an der Universität Würzburg und Spezialist für Unternehmensführung, hat bei der Analyse der wesentlichen persönlichen Erfolgsfaktoren festgestellt, dass persönliche Strategien und Ziele sowie eine effiziente Selbstorganisation an vorderster Stelle stehen.[67]

Die Ausführungen zu diesem Kapitel können Sie in zweifacher Weise nutzen. Sie können die Inhalte direkt für Ihre Lerntätigkeiten einsetzen und Sie können sie in Ihrer beruflichen Tätigkeit anwenden, wodurch indirekt wieder Ihr Studienziel profitiert. Denn wenn Sie aufgrund eines guten Zeit- und Selbstmanagement Ihre beruflichen Aufgaben schneller und effektiver abarbeiten, weniger Überstunden machen und stressfreier nach Hause gehen, können Sie die freigewordenen Ressourcen für Ihr Studium einsetzen.

5.2 Ziele im Selbstmanagementprozess

Eines der wichtigsten Instrumente im Selbstmanagement ist das Setzen von Zielen. Welche Funktion die Ziele übernehmen, wie Ziele gefunden und formuliert werden und wie Ziele realisiert werden können, wird in diesem Kapitel beschrieben.

[67] Vgl. Nagel, K.: Praktische Unternehmensführung Bd. 3, München 2004, VII Selbstmanagement, S.3.

Notizen

5.2.1 Definition und Funktion von Zielen

Ziele werden definiert als einen erwünschten Zustand in der Zukunft, der durch bestimmte Handlungen erreicht werden kann. Wer sich ein Ziel setzt, entscheidet:

- Wo will ich hin? In welche Richtung will ich mich verändern bzw. entwickeln?
  Beispiel: „Ich möchte mich beruflich verändern und weiterentwickeln, hierfür möchte ich einen Studienabschluss in ... erwerben?
- Wie will ich etwas ändern:
  Beispiel: Ich ändere meine Situation, in dem ich ein berufsintegriertes Studium absolviere."
- Wie schnell möchte ich mein Ziel erreichen?
  Beispiel: „Abschluss des Studiums und Antritt einer neuen Stelle bis zum Jahr 2009".[68]

Bereits Seneca ein römischer Politiker, Redner und Philosoph (geb. 4.v.Chr.) hat die Bedeutung von Zielen erkannt und in folgendem Zitat auf den Punkt gebracht.

> „Für ein Schiff, das seinen Hafen nicht kennt,
> weht kein Wind günstig".

Seneca sagt damit aus, dass wir ohne persönliche oder berufliche Ziele viele Aufgaben erledigen, die uns nicht weiterbringen. Erst wenn wir Ziele haben, können wir unsere Strategien und Maßnahmen darauf ausrichten. Gerade junge Menschen tun sich häufig schwer, langfristige Ziele zu finden, was dazu führen kann, dass die Wahl der Studienrichtung eher dem Zufall als der gezielten Festlegung entspricht.

Generell haben Ziele folgende Funktionen. Sie

- **motivieren**, denn wenn Sie einen erwünschten Zustand bereits vor Augen haben, möchten Sie diesen Zustand auch möglichst bald erreichen.
- erleichtern es, bei der Planung der eigenen Arbeit **Prioritäten** zu setzen → mehr Zeit für wichtige Dinge.
- ermöglichen ein **effektives Arbeiten** – sobald ein Ziel definiert ist, können die optimale Strategie und konkrete Maßnahmen zur Zielerreichung festgelegt werden.
- verschaffen **Erfolgserlebnisse**, denn „Erfolg ist nicht, wenn man möglichst hart arbeitet, sondern wenn man seine Ziele erreicht" (Autor nicht bekannt).

68 Vgl. Bischof, A; Bischof K.: Selbstmanagement effektiv und effizient, Planegg 1997, S. 224.

Notizen

5.2.2 Die Zielfindung und -formulierung

Meist beginnt die Zielformulierung noch sehr vage oder als Vision. Typische Formulierungen sind „Ich möchte mal ...“, „irgendwann werde ich ...“ oder Sie treffen Aussagen über Situationen, die Sie in Zukunft nicht mehr haben wollen. In diesem Zustand sind die Ziele noch nicht realisierungsfähig. Die vagen Zielvorstellungen sind nochmals zu überprüfen, ob sie wirklich Ihren Vorstellungen entsprechen. Überlegen Sie, mit was Sie unzufrieden sind und wo Sie sich verändern wollen. Weiterhin kann es hilfreich sein, eine persönliche Stärken-/Schwächenanalyse durchzuführen um erste Hinweise auf die Realisierbarkeit zu erhalten.
Im nächsten Schritt sind die Ziele zu **konkretisieren**. Die SMART-Regel ist einfach anzuwenden und lässt sich leicht merken.
Beispiel:

Buchstabe	Bedeutung	Beispiel
S	Spezifisch (genau)	Umsatz des Produktes x erhöhen (statt nur „mehr verkaufen“)
M	Messbar, die Zielerreichung muss überprüfbar sein	Umsatzerhöhung im Vergleich zum Vorjahr um 5 %
A	Attraktiv, das Ziel muss zur Realisierung motivieren, es muss anspruchsvoll sein, darf aber nicht überfordern.	Eine Umsatzsteigerung um 5 % ist attraktiv und überfordert i.d.R. nicht.
R	Realistisch	Eine Umsatzsteigerung von 5 % ist realistisch
T	Terminiert	Die Umsatzerhöhung muss bis zum 31.12. 2006 erreicht sein.

Tab. 13: Beispiel SMART-Regel

Notizen

Zur **Realisierung** der Ziele kann das EMMA-Prinzip angewendet werden.

- **E**ntscheiden Sie klar, was Sie erreichen wollen, definieren Sie bei komplexen Zielen auch Teil- und Zwischentermine, setzen Sie sich klare Prioritäten.
- Machen Sie sich bewusst, welche **M**ethoden oder Strategien dabei wirksam und unwirksam sind, stellen Sie ggf. Aktionspläne auf.
- Leiten Sie entsprechende **M**aßnahmen ein.
- **A**nalysieren Sie den Erfolg und arbeiten Sie solange an dem Ziel, bis Sie es erreicht haben.

Ziele sind schriftlich festzuhalten. Damit werden sie verbindlicher und überprüfbar. Sie sollten positiv formuliert werden, d. h. was wollen Sie erreichen und nicht was wollen Sie nicht mehr haben. Ziele können auch Randbedingungen enthalten (z. B. Umsatzerhöhung bei gleichbleibendem Werbeetat).
Beispiel für eine gute Zielformulierung:
Statt „Ich möchte mehr Sport betreiben“ → „Ich möchte ab nächster Woche mindestens bis Ende Oktober 2 x die Woche 1 Stunde joggen“. Maßnahmen, die dabei helfen, das Ziel zu erreichen, wären z. B. Joggingschuhe kaufen, Termine im Kalender eintragen (freihalten), Mitjogger suchen.
Häufig liegt die Zielerreichung jedoch nicht nur in Ihrem Einflussbereich, d. h. Sie sind auf dritte Personen angewiesen. Bei der Realisierung Ihres Studienziels benötigen Sie sehr wahrscheinlich die Unterstützung Ihres sozialen Umfeldes oder auch die Ihrer Kollegen. Klären Sie deshalb frühzeitig ab, ob Sie auf Ihre „Zielbegleiter“ zählen können.

5.2.3 Prozessverlauf der Zielrealisierung

Ziele werden gesetzt um sie realisieren und dadurch den erwünschten Zustand in der Zukunft zu erreichen. Je nach Ziel bzw. zeitlichem Zielhorizont sind zur Zielrealisierung sehr viele Maßnahmen sowie zeitlicher und finanzieller Einsatz, Verzicht (z. B. auf Freizeit) und Disziplin erforderlich. Ihr berufsintegriertes Studium ist hierfür ein gutes Beispiel. Sie werden in der gesamten Phase der Zielrealisierung, in Ihrem Fall während der Studienzeiten, viele Phasen mit unterschiedlicher Motivation durchlaufen.
Die „Frust- und Lustkurve“ zeigt einen klassischen Verlauf eines Zielrealisierungsprozesses.

Notizen

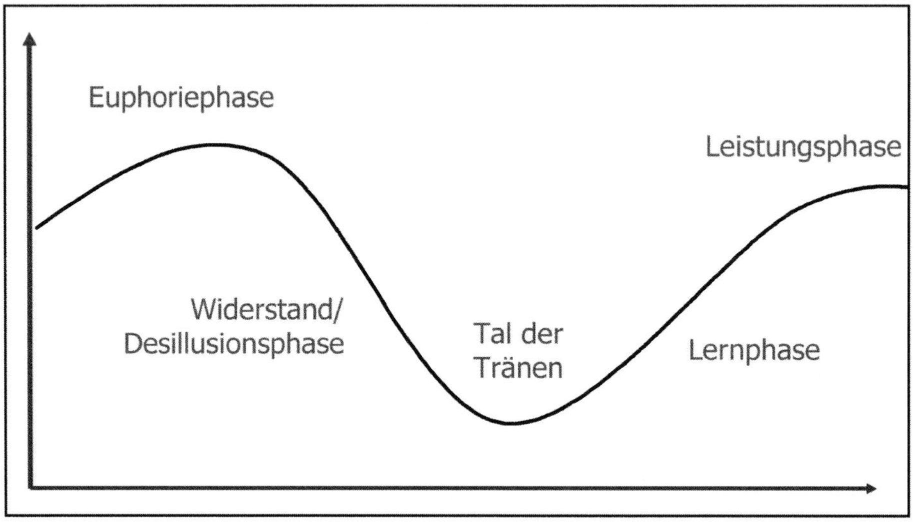

Abb. 14: Frust- und Lustkurve im Zielrealisierungsprozess[69]

1. Euphoriephase: Diese erste Phase ist vor allem durch die Hoffnung gekennzeichnet, dass nun alles anders werden wird. Die Beteiligten freuen sich darauf, sich nun endlich auf den „Weg“ machen zu können. Motivation und Energie sind auf einem sehr hohen Level.

2. Mit der **Desillusionsphase** (auch Widerstandsphase genannt), wird klar, dass die Realisierung des Ziels doch nicht so einfach ist, wie man es sich vorgestellt hat. Die Abläufe (z. B. die Tages- und Wochenplanung) sind noch nicht ausreichend optimiert, um das Ziel zu unterstützen. Hemmnisse, die im Vorfeld nicht bedacht wurden bzw. nicht erkennbar waren, tauchen auf. In diesem Stadium kommen die ersten Zweifel auf, ob es richtig war, dieses Ziel anzustreben. Aufgrund dieser Negativstimmung kommt es verstärkt zu Fehlern und Rückschlägen. Grundsätzlich ist diese Phase als normal und nicht besonders gefährlich anzusehen. Jedoch verlieren negativ eingestellte Personen leicht den Mut und geben schnell wieder auf. Ein Gefühl des Versagens tritt auf und verstärkt die negative Grundstimmung. Positiv denkende Menschen überwinden diese Phase relativ unbeschadet und nutzen für die nächste Stufe die gewonnenen Erkenntnisse für Korrekturmaßnahmen und Zielanpassungen.

69 Vgl. Bischof, A; Bischof K.: Selbstmanagement effektiv und effizient, Planegg 1997, S. 40 ff.

Notizen

3. Lernphase: Hier herrscht wieder mehr Zuversicht und es wird klar, dass trotz der Schwierigkeiten, das Ziel erreicht werden kann. Aus den Problemen der vorherigen Phase wurde gelernt und es werden entsprechende Konsequenzen gezogen, z. B. Anpassung der Wochenplanung. Den Beteiligten wird klar, dass sich manche Dinge erst entwickeln müssen. Instrumente werden anwendet, ausprobiert und angepasst.

4. In der letzen Phase, der **Leistungsphase**, wird das Wissen konkret umgesetzt und die ersten Lernerfolge treten ein (z. B. gute Prüfungsleistungen, absolvierte Semester...). Diese Erfolge geben neue Motivation für die weiteren Zielrealisierungsmaßnahmen.[70]

Es ist wichtig, sich diesen Prozessverlauf bewusst zu machen, um sich an ihm zu orientieren. Das Wissen, dass dies der normale Prozessverlauf ist und nach der Desillusionsphase wieder „bessere Zeiten" kommen, tragen dazu bei, dass das „Tal der Tränen" schnell und unbeschadet durchschritten wird. Dieser Prozessverlauf zeigt sich auch in anderen Situationen, z. B. in der Bearbeitung eines Projektes.

5.3 Richtig planen

In engem Zusammenhang mit den Zielen steht die Planung, denn ohne diese ist es nur schwer möglich, Ziele zu realisieren. Eine gute Planung trägt dazu bei, die Widerstands- bzw. Desillusionsphase (s. o.) möglichst schnell hinter sich zu lassen.

5.3.1 Planungsdimensionen und Planungsregeln

Der Begriff Planung kann für einen Zeithorizont von wenigen Minuten aber auch für das gesamte weitere Leben Gültigkeit haben, wie Tabelle 14 zeigt. Planung bedeutet auch Vorbereitung zur Verwirklichung von Zielen. Im Rahmen Ihres Studiums gibt es unterschiedliche Pläne, die Sie dazu einsetzen können. Mit der Tagesplanung können Sie Ihre täglichen beruflichen, privaten und studentischen Aktivitäten abstimmen. Die Wochen- oder Monatsplanung können Sie z. B. für Prüfungsvorbereitungen oder Ihre Lernaktivitäten einsetzen, indem Sie das Lernpensum auf die unterschiedlichen Wochentage aufteilen. Mit einer Quartalsplanung lässt sich die Erstellung von Studienarbeiten planen.

70 Vgl. Bischof, A; Bischof K.: Selbstmanagement effektiv und effizient, Planegg 1997, S. 40 ff.

Notizen

Planungszeitraum	**Beispiel**
Lebensplan	Wohnung, Familie, Karriere
Jahresplan	Erfolgreicher Abschluss des Studiums eine gute Stelle
Quartalsplan	Erfolgereicher Abschluss der Prüfungsphase
Monatsplan	Fertigstellung der Studienarbeiten oder anderer wiss. Arbeiten
Wochenplan	Prüfungsvorbereitung für best. Fächer
Tagesplan	Prüfungsvorbereitung von Seite x bis y

Tab. 14: Planungshorizonte

Wie für die Zielformulierung, sollten auch bei der Planung bestimmte Regeln eingehalten werden.

- **Schriftlich** planen, denn dies zwingt zur Konkretisierung. Schriftliche Pläne sind einfacher zu kommunizieren und ggf. mit anderen Planungen abzustimmen. Sie sind verbindlicher und ermöglichen eine Fremd- und Eigenkontrolle. Bei Planungen, die regelmäßig in gleicher Form erfolgen, sind Checklisten sehr hilfreich.
- **Prioritäten** setzen (siehe Kapitel 5.3.4).
- **Realistisch** planen (was ist in der verfügbaren Zeit machbar?).
- Bei der Tagesplanung: spätestens am Vorabend für den nächsten Tag planen. Auf diese Weise haben Sie abends den Kopf frei und können am anderen Morgen sofort strukturiert an die Arbeit gehen.
- Bei längerfristigen Planungen: **Zwischenergebnisse planen** (Milestones). Beispiel Milestones Studienarbeit: Themenanalyse, Literatursuche, Grobgliederung, Feingliederung, Texterstellung usw.
- **Flexibilität** ermöglichen (sofern notwendig, d. h. wenn sich Rahmenbedingungen ändern oder wenn man merkt, dass die Planung unrealistisch war).
- Abwechslung, Pausen und Zeit für soziale Kontakte einplanen.
- Persönliche **Leistungskurve** beachten (siehe Kapitel 5.3.5).
- **Pufferzeiten** einplanen (s. u.).

5.3.2 Planen nach der ALPEN-Methode

Die ALPEN-Methode findet hauptsächlich in der Tagesplanung ihren Einsatz. Der Tagesplan ist das wichtigste Instrument für effektives Arbeiten und enthält grundsätzlich nur das, was Sie realistischerweise an diesem Tag erledigen

Notizen

möchten oder müssen. Mit dem Tagesplan verschaffen Sie sich einen schnellen Überblick und stellen sicher, dass Sie nichts vergessen. Sie konzentrieren sich dabei auf das Wesentliche. Die ALPEN-Methode hilft Ihnen, Ihren Tag systematisch zu planen. Sie ist einfach anzuwenden und erfordert nur wenige Minuten Zeit.

A = Alles aufschreiben: Sammeln Sie alle Aktivitäten, d. h. Aufgaben, Termine, Unerledigtes.

L = Länge schätzen: Für alle Aktivitäten ist die erforderliche Zeit zu schätzen.

P = Pufferzeiten einplanen: Die Standardregel sagt aus, dass 60 % der Zeit fix verplant werden soll und 40 % für Unvorhergesehenes bzw. für kreative Tätigkeiten zu reservieren sind. Diese Regel ist insbesondere im beruflichen Bereich an die individuelle Tätigkeit anzupassen. Um den Anteil der planbaren Aufgaben festzulegen, kann es sinnvoll sein, für drei bis vier regulär ablaufende Tage die Zeiten aller Tätigkeiten zu erfassen und in planbar/nicht planbar aufzuteilen.

E = Entscheidung/Priorität: siehe Kapitel 5.3.4.

N = Nachkontrolle: Am Ende des Tages ist der Tagesplan zu überprüfen. Unerledigte Aufgaben sind auf den nächstfolgenden Tagesplan zu übertragen bzw. sind anderweitig festzuhalten, damit diese nicht vergessen werden. Bereits am Vorabend ist der Tagesplan für den Folgetag zu erstellen.[71]

5.3.3 Planungshilfen

Bei den Planungshilfen kann unterschieden werden in individuelle Planungshilfen (z. B. Checklisten) Planungslisten auf Excel-Basis, Zeitplanbücher oder elektronische Planungshilfen (z. B. Outlook).

Individuelle Planungshilfen haben den Vorteil, dass sie an eigene Belange angepasst werden können. Häufig haben Unternehmen eigene Planungsvorlagen, Checklisten etc. erarbeitet und nach mehrjähriger Erfahrung optimiert, die als Vorlagen für alle Mitarbeiter zur Verfügung stehen und eingesetzt werden müssen.

Zeitplanbücher werden vielfach als etwas edlere Termin- oder Taschenkalender angesehen. Sie sind aber weit mehr als das. Richtig genutzt sind sie ein wertvolles Instrument für die Zeit- und Zielplanung. Auch haben Zeitplanbücher das Image, dass sie nur für Führungskräfte und Manager geeignet sind. Dafür gibt es jedoch keine schlüssige Begründung. Zeitplanbücher kön-

71 Vgl. Bischof, A; Bischof K.: Selbstmanagement effektiv und effizient, Planegg 1997, S. 58 ff.

Notizen

nen sowohl privat wie beruflich und hier für alle Berufsgruppen, die ihren Tagesablauf beeinflussen können, eingesetzt werden.
Die im Handel gängigen Zeitplanbücher enthalten folgenden Inhalt:

- Persönliches Datenblatt: Hier können die persönlichen Daten und ggf. auch Kontaktdaten eingetragen werden.
- Kalender für die Tagesplanung: Die Kalenderblätter haben bereits eine Zeiteinteilung, in die Sie Ihre Termine bzw. auch die Aktivitäten gemäß Ihrer Tagesplanung eintragen können.
- Jahresübersicht für die mittel- bis längerfristige Planung. Hier werden die mittel- bis längerfristigen oder regelmäßigen Termine eingetragen (z. B. Geburtstage).
- Übersichts-Kalender für die nächsten 1 bis 3 Jahre.
- Notizen: Diese Blätter sind geeignet für schnelle Notizen oder Kurzprotokolle bei Besprechungen.
- Adressbuch.
- Informationsblätter, z. B. Internationale Vorwahlen, Ferienkalender, die wichtigsten Messen.

Die Zeitplanbücher gibt es in den unterschiedlichsten Größen und Ausführungen und somit auch in sehr unterschiedlichen Preislagen. Die Einlagen für die entsprechenden Jahre bzw. auch Ergänzungsblätter können einzeln gekauft oder nachbestellt werden. Mit einem speziellen Locher können die Einlagen mit dem Computer erstellt und ausgedruckt werden.
In Zusammenhang mit Zeitplanbüchern kann auch die von Prof. Dr. Dr. h.c. mult. Johann Löhn entwickelte **„Löhnmethode“** empfohlen werden. Die Löhnmethode umfasst die Bereiche

- Selbstmanagement
- Projektmanagement
- Informationsmanagement
- Zielfindung
- Selbstmotivation

Die Methode eignet sich auch für Sie als Studierende, denn sie wendet sich an alle Personenkreise, die ihren beruflichen und privaten Erfolg ausbauen wollen. Die von Löhn entwickelten Zeitplanbücher sind also um einiges mehr als nur ein Kalendersystem.
Die Löhnmethode zeichnet sich vor allem dadurch aus, dass Sie befähigt werden, systematisch und produktiv zu arbeiten, eine systematische Ordnung

gegeben ist und Sie in Ihren Managementaufgaben unterstützt werden.[72]
Bei den **Elektronischen Zeitplanhilfen** sind hauptsächlich Programme wie Outlook oder aber Taschen-PCs (Pocket-PC) im Einsatz, wobei die Taschen-PCs i.d.R. parallel zu Outlook verwendet werden. Outlook und Taschen-PC werden bei professioneller Anwendung regelmäßig „synchronisiert", d. h. Änderungen seit der letzten Synchronisierung werden in den beiden Medien jeweils aktualisiert. Beide Medien verfügen über die Funktionen Kalender, Aufgaben, Notizen, Adressbuch (Kontakte). In den meisten Fällen wird Outlook auch als E-Mail-Programm benutzt, so dass die E-Mails auf den Taschen-PC übertragen werden können.
Nachfolgende Tabelle 15 stellt die wichtigsten Vor- und Nachteile der klassischen und elektronischen Zeitplanbücher gegenüber.

	Klassisches Zeitplanbuch	**Elektronisches Zeitplanbuch**	
		Outlook u. ä.	**Taschen-PC**
Vorteile	■ schnell verfügbar ■ stromunabhängig ■ je nach Modell sehr dekorativ	■ viele Funktionen (z. B. inc. E-Mail) ■ gut an die eigenen Belange anpassbar ■ Austausch mit anderen Personen ist möglich (z. B. Einladung zu Terminen, Einsicht in andere Kalender ...) ■ Prioritäten können gesetzt werden ■ Warnfunktionen bei überschrittenen Terminen	■ Synchronisationsfähigkeit ■ leicht zu transportieren i.d.R. kleiner als ein klass. Zeitplanbuch ■ kombinierbar mit Mobil-Telefon (erweiterter Nutzen) ■ schnell verfügbar ■ bei Verlust sind die Daten bis zur letzten Synchronisation i.d.R. noch in Outlook verfügbar
Nachteile	■ Einlagen müssen jährlich gekauft werden ■ nicht digital übertragbar ■ i.d.R.relativ groß ■ bei Verlust (Diebstahl etc. sind alle Daten weg) ■ kein Passwort schutz möglich	■ Abhängigkeit von PC/Notebook ■ eine gewisse Einarbeitung ist erforderlich	■ gewisses technisches Knowhow ist notwendig (z. B. für die Installation), insbes. bei Kombination mit Mobil-Telefon ■ je nach Ausstattung relativ teuer ■ regelmäßiges Aufladen der Akkus notwenig ■ teilweise hohes Gewicht

Tab. 15: Vorteile/Nachteile von Zeitplanhilfen

72 Vgl. www.loehnmethode.de (18.03.2007).

Notizen

5.3.4 Prioritäten setzen

Wie bei vielen Managementaufgaben, so ist es auch in Bezug auf das Selbstmanagement wichtig, Prioritäten zu setzen. Es gilt die zeitlichen Ressourcen dort einzubringen, wo es am wichtigsten bzw. am dringlichsten ist. Die nachfolgend vorgestellten Instrumente sollen Ihnen bei dieser Zuordnung helfen.

Pareto-Prinzip

Viele Menschen verbringen einen Großteil ihrer Zeit mit relativ nebensächlichen Aufgaben, statt sich um die wichtigen und zielfördernden Aktivitäten zu kümmern. Wir glauben, dass Zeitaufwand und Ergebnis in einem ausgewogenen Verhältnis stehen. Doch mit der richtigen Prioritätensetzung erreichen wir bereits mit 20 % unserer Zeit 80 % der Ergebnisse. Dieser Zusammenhang ist auch als das „Pareto-Prinzip" bekannt.[73]

Vilfrido Pareto lebte im 19. Jahrhundert und beschäftigte sich mit Fragen von Reichtum und Einkommen. Er entdeckte ein wiederkehrendes mathematisches Verhältnis zwischen dem Anteil von Personen (als Prozentsatz der gesamten Bevölkerung) und der Höhe des Einkommens dieser Gruppe. So stellte er fest, dass in verschiedenen Ländern 80 % des Vermögens bei 20 % der Bevölkerung zu finden sind. Das Phänomen, dass 80 % der Wirkungen auf 20 % der Ursachen zurückzuführen sind, lässt sich in vielen Bereichen erfolgswirksam einsetzen.[74]

Ein klassisches Beispiel für die Anwendung des Pareto-Prinzip ist die ABC-Analyse in der Beschaffung. Hier werden die zu beschaffenden Güter in A-, B- und C-Güter eingeteilt. A-Güter machen ca. 70 – 80 % des Einkaufswertes und ca. 10 – 20 % der Menge aus. C-Güter betragen ca. 5 – 10 % des Einkaufswertes und ca. 60 – 70 % der Menge. B-Güter liegen dazwischen.

Auf die Thematik Zeitmanagement übertragen, bedeutet das Pareto-Prinzip: mit 20 % der eingesetzten Zeit erzielen wir häufig 80 % der Ergebnisse, die restlichen 80 % der Zeit bringen nur 20 % der Ergebnisse.

73 Vgl. Seiwert, L.: Das neue 1 x1 des Zeitmanagement, 5. Aufl., München 2006, S.29.

74 Vgl. Knoblauch, J.; Wöltje, H.: Zeitmanagement, 2. Aufl., Planegg 2006, S. 22.

20 % strategisch richtige eingesetzte Zeit und Energie bringen 80 % des Erfolges

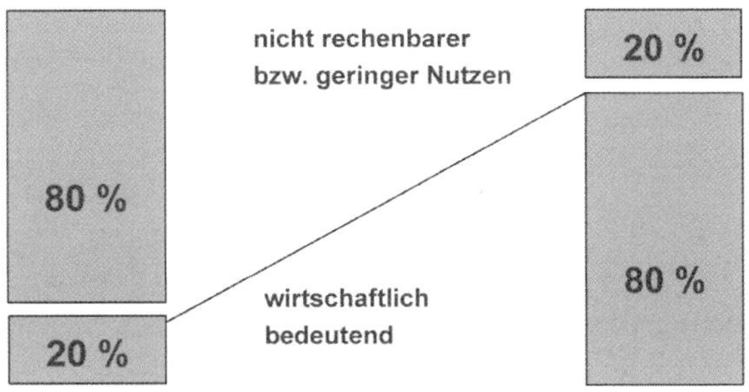

Abb. 15: Pareto-Prinzip

Ziel ist es nun, die 20 % Erfolgsverursacher zu identifizieren und bei der Zeitplanung (siehe folgende Kapitel) mit der höchsten Priorität zu versehen. Erstellen Sie dazu eine Liste mit all Ihren Aufgaben. Welche von ihnen gehören zu den obersten 20 % der Aufgaben, aus denen 80 % Ihrer Ergebnisse und Erfolge resultieren.[75]

Eisenhower-Methode

Um gemäß dem Pareto-Prinzip unsere erfolgswirksamen Aufgaben herauszufinden, kann die Eisenhower-Methode genutzt werden. Hierbei werden die Aufgaben eingeteilt in wichtige und unwichtige sowie in dringende und weniger dringende Aufgaben. Wichtige Aufgaben sind hierbei Aktivitäten, die Sie Ihren Zielen näher bringen. Dringende Aufgaben binden Ihre unmittelbare Aufmerksamkeit. Diese Prioritäten können in einer Matrix dargestellt werden.

75 Vgl. Seiwert, L.: Das neue 1 x 1 des Zeitmanagement, 5. Aufl., München 2006, S. 29

Notizen

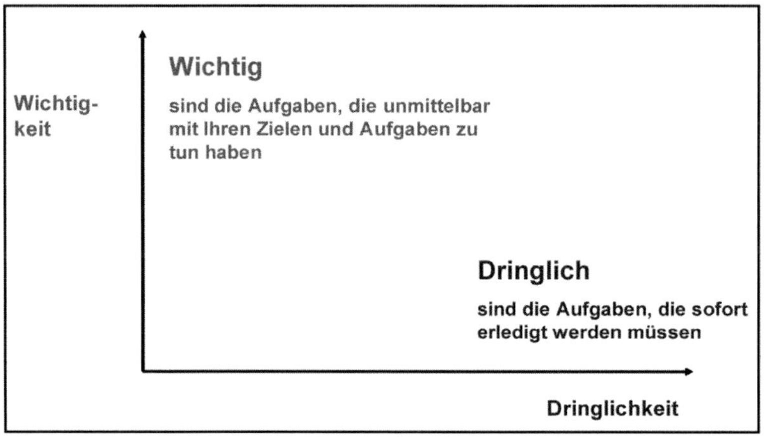

Abb. 16: Einteilung der Aufgaben nach dem Eisenhower-Prinzip

Auf diese Weise entstehen vier Prioritätsklassen:

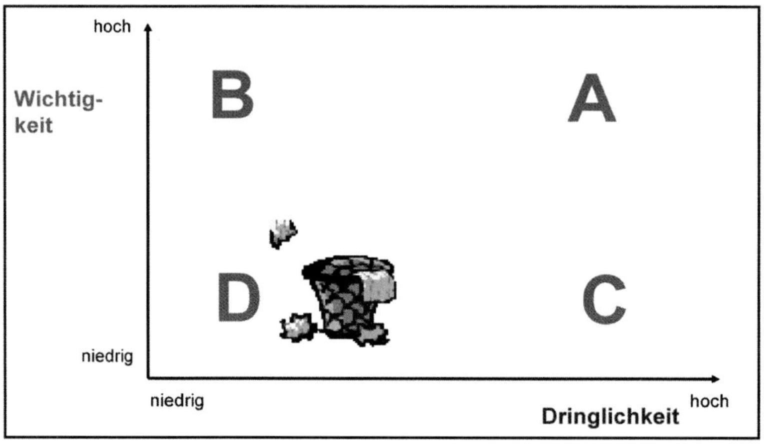

Abb. 17: A-B-C-D-Einteilung von Aufgaben

A-B-C-D-Aufgaben

Die Abbildung 17 zeigt die Einteilung unserer Aufgaben und Aktivitäten in vier Bereiche, die jeweils ganz bestimmte Vorgehensweisen erfordern.

- **Priorität A**: wichtige und dringende Aufgaben: Diese Aufgaben müssen auf jeden Fall noch heute bearbeitet werden. Beispiel Studium: Abgabe einer Prüfungsanmeldung.
- **Priorität B**: Wichtige aber nicht dringende Aufgaben. Für diese Aufgaben sollten Sie sich regelmäßig Zeit einplanen und dafür sorgen, dass

Notizen

Sie nicht in Vergessenheit geraten, z. B. durch sofortige Terminierung in Ihrem Kalender, denn B-Aufgaben verursachen Erfolg und bringen Sie Ihren Zielen näher. Beispiel Studium: Erstellung einer Studienarbeitarbeit (Abgabe in 4 Wochen).

- **Priorität C:** Unwichtige aber dringende Aufgaben. Diese Aufgaben müssen erledigt werden, kosten Zeit, bringen Sie Ihrem Ziel aber nicht wirklich näher. Hier sollten Sie prüfen, ob Sie die Aufgabe delegieren können. Da dies nicht immer möglich ist, sollten Sie einen übertriebenen Perfektionismus reduzieren, denn häufig kostet es unverhältnismäßig viel Zeit um eine Aufgabe perfekt zu lösen. Beispiel Studium: Zugfahrt zur Hochschule.
- **Priorität D:** Unwichtige und nicht dringende Aufgaben. Für diese Aufgaben ist zu überlegen, ob sie tatsächlich erforderlich sind und unbedingt durch Sie selbst erledigt werden müssen. Beispiel Studium: Kauf von Aktenordnern. Das können auch Familienangehörige beim nächsten Einkauf für Sie mit erledigen.

Um diese Einteilung vorzunehmen, ist es wichtig, dass Sie Ihre täglichen Auf-

TIPP: Erstellen Sie sich hierzu eine Checkliste und notieren Sie im Zeitraum für eine Woche alle Ihre täglichen Aufgaben (je Tag eine Liste). Legen Sie hierbei fest, wie viel Zeit die Aufgabe beansprucht und um welche Kategorie (A, B, C, D) es sich handelt (siehe Muster Anlage 3: Checkliste planbare Aufgaben)

gaben hinsichtlich der Prioritäten analysieren und einteilen. Dies erfordert eine gewisse Übung und Objektivität.
Auf Basis dieser Analyse können Sie nun Ihren Tagesplan erstellen. Wie bereits an früherer Stelle erläutert, sollten nur ca. 60 % eines Tages verplant werden, damit noch Zeit bzw. Puffer für Unvorgesehenes übrig bleibt. Planen Sie dies nicht mit ein, werden Sie die unvorhergesehenen Dinge trotzdem nicht vermeiden können und sind am Abend unzufrieden, weil Sie Ihre geplanten Aufgaben nicht alle bewältigen konnten.
Innerhalb dieser 60 % (oder Ihrer fest planbarer Zeit) müssen nun die A, B- und C-Aufgaben eingeplant werden. Als grober Anhalt wird empfohlen:

- 30 – 40 % für A-Aufgaben
- 15 – 20 % für B-Aufgaben
- 40 – 50 % für C-Aufgaben

Notizen

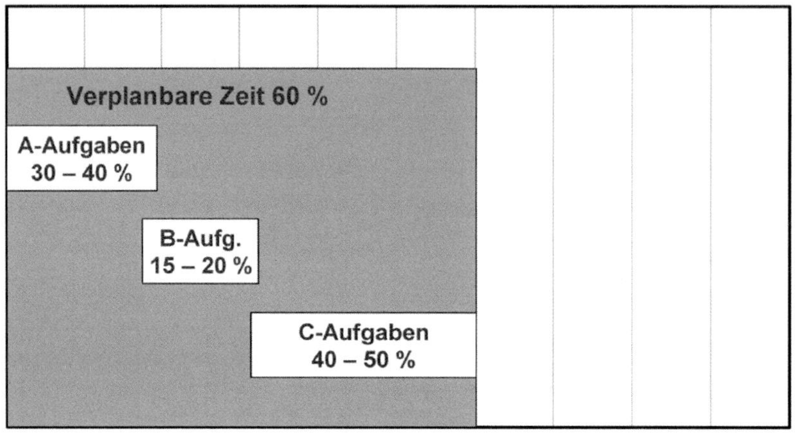

Abb. 18: Aufteilung der A-, B- und C-Aufgaben

Da die A-Aufgaben am stärksten Ihren Erfolg beeinflussen, sollten diese Aufgaben zu einer Zeit erledigt werden, in der Sie sehr leistungsfähig (s. u.) sind und möglichst wenig gestört werden.

5.3.5 Leistungs- und Störkurve

Jeder Mensch unterliegt in seiner Leistungsfähigkeit während eines Tages bestimmten Schwankungen, d. h. er durchlebt Leistungshochs und -tiefs. Es gibt z. B. Personen, die bereits frühmorgens hoch leistungsfähig sind und zu dieser Zeit gut auf Prüfungen lernen können. Aber es gibt auch „Morgenmuffel", die erst in den späteren Morgenstunden zur Hochform auflaufen. Nach dem Mittagessen wird sich aber bei den meisten Personen früher oder später ein Tief einstellen.
Um Ihre Aufgabenplanung auf Ihre persönliche Leistungsfähigkeit abzustimmen, sollten Sie eine Leistungskurve erstellen.

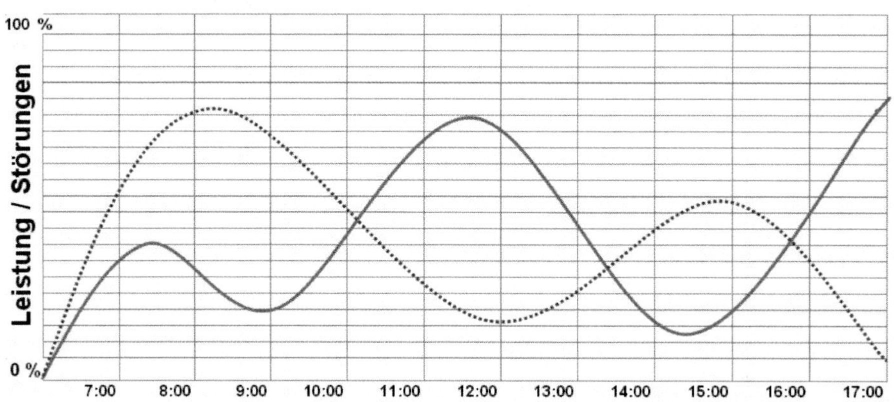

Abb. 19: Leistungs- und Störkurve

Notizen

Neben einer leistungsfähigen Zeit sollten Sie für Ihre A-Aufgaben auch eine möglichst störungsfreie Zeit auswählen. Jede Unterbrechung in Form von Telefonaten, unangemeldeten Besuchern, Kommunikationsbedürfnis Ihrer Kollegen, etc. stört die Konzentration und Sie benötigen nach jeder Störung eine gewisse Zeit um wieder voll leistungsfähig zu sein. Dieser Vorgang wird als „Sägeblatt-Effekt" bezeichnet. Addiert man diese Leistungsverluste auf, können bis zu 30 % unserer Zeit verloren gehen.[76]

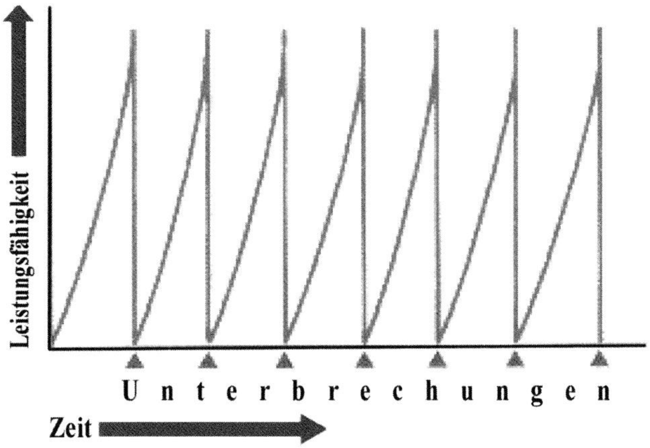

Abb. 20: Sägeblatt-Effekt

Für die Zeiteinteilung im Studium sind noch weitere Betrachtungen in Bezug auf Ihre Leistungsfähigkeit bedeutend. So ist es z. B. sinnvoll, über einen längeren Zeitraum von 1,5 bis 2 Stunden konsequent an einem bestimmten Thema zu arbeiten um sich wirklich in das Thema vertiefen zu können. Untersuchungen haben gezeigt, dass die ersten 90 Minuten der Wissensverarbeitung, die effektivsten sind. Danach flacht die Kurve hinsichtlich der Aufnahmefähigkeit von Wissen wieder ab. Von diesen 90 Minuten werden ungefähr 10 Minuten benötigt, um die volle Konzentrationsfähigkeit zu erreichen. In der Konsequenz bedeutet das, dass Sie in ihrer Zeitplanung möglichst zusammenhängende Blöcke für die Bearbeitung bestimmter Lernthemen reservieren sollten. Kleinere Zeiteinheiten brauchen deshalb nicht ungenutzt bleiben, diese können für Aufgaben wie Ablegen, Konzeptübertragungen oder die Lösung von kleineren Übungsaufgaben des TDR genutzt werden. Da die Konzentration zu Lernbeginn am höchsten ist, sollten Sie wichtige bzw. schwierige Themen in diese Zeit legen. Sie müssen somit Ihre

76 Vgl. Seiwert, L.: Das neue 1 x 1 des Zeitmanagement, 5. Aufl., München 2006, S. 53.

Notizen

Lerntätigkeiten in verschiedene Prioritäten einteilen. Sie können hierfür eigene Prioritäts-Einteilungen vornehmen, z. B. können Sie für die Einarbeitung in ein neues Wissensgebiet die höchste Priorität vergeben und für Ablage die niedrigste Priorität.

5.3.6 Stille Stunde

Aufgrund der Auswirkungen von Leistungskurve und der Störungen hat es sich in der Praxis bewährt, eine Stille Stunde einzurichten, in der man nicht gestört wird. Optimal platziert ist die Stille Stunde in Zeiten hoher Leistungsfähigkeit und mit geringen Störungen. Sie wird den A-Aufgaben gewidmet. Damit die Stille Stunde auch funktioniert, wird folgendes Vorgehen an Ihrem Arbeitsplatz empfohlen:

- Leiten Sie Ihr Telefon auf Kollegen um oder aktivieren Sie Ihren Anrufbeantworter. Vereinbaren Sie mit Ihren Kollegen, dass diese die Anrufe notieren und Rückrufe zusagen.
- Besprechen Sie die Einrichtung der stillen Stunde mit Ihren Kollegen. Stimmen Sie sich mit ihnen ab, ob die von Ihnen vorgesehene Zeit in die Gesamtorganisation passt. Schlagen Sie bei Bedarf vor, dass auch Ihre Kollegen eine stille Stunde einrichten können und Sie deren Telefonate entgegennehmen.
- Legen Sie die stille Stunde nach Möglichkeit immer zur gleichen Zeit ein, damit sich Ihre Kollegen schnell daran gewöhnen und Sie nicht jeden Tag diesen Freiraum wieder neu organisieren müssen.
- Haben Sie ein eigenes Büro, schließen Sie die Türe. Weisen Sie Ihre Kollegen darauf hin, dass Sie bei geschlossener Türe nicht gestört werden wollen.
- Sitzen Sie in einem Gemeinschaftsbüro kann ein kleines Schildchen „Stille Stunde“ dieses Signal übernehmen.
- Tragen Sie die Stille Stunde, wie einen festen Termin in Ihren Kalender ein. Im Outlook können Sie hierfür die Funktion „Serientyp“ nutzen.

Dieses Zeitmanagement-Instrument können Sie auch zuhause für Ihr Studium nutzen. Vereinbaren Sie hierzu mit Ihrer Familie und Ihren Freunden, dass Sie jeden Tag mindestens eine Stunde ungestört arbeiten möchten und bitten Sie um entsprechende Ruhe im Haus. Für beide Fälle gilt auch: Mobiltelefon aus. Nach einer kurzen Eingewöhnungsphase wird dieses Instrument der stillen Stunde für Sie aber auch für Ihr Umfeld ganz selbstverständlich sein.

Notizen

5.3.7 Zeitdiebe einbuchten

In den vergangenen Kapiteln haben Sie viele Planungsregeln und -methoden kennengelernt. Wenn es jedoch nicht so funktioniert, wie Sie es erwarten, dann liegt es meistens an den Störungen. Gerne wird von „unerwarteten" Störungen gesprochen, doch die Frage ist, ob diese wirklich unerwartet und somit unkalkulierbar sind.
Störungen werden im Zusammenhang mit Zeitmanagement auch als „Zeitfresser" oder „Zeitdiebe" bezeichnet. Diesen Zeitdieben sind wir nicht gnadenlos ausgeliefert, denn wir können sie fassen und „dingfest" machen. Im ersten Schritt sind die Zeitdiebe zu identifizieren. Eine selbst erstellte Liste oder auch eine vordefinierte Checkliste können diesen Prozess unterstützen (siehe Anlage 4: Checkliste Zeitdiebe).

Typische Zeitdiebe im Studium und Lösungsansätze:

- Fernsehkonsum: häufig läuft das Fernsehgerät parallel zur Lerntätigkeit. Viele Personen argumentieren, dass sie beide Dinge gleichzeitig tun können. Dies ist aber meist ein Selbstbetrug (siehe oben Störkurve und Sägeblatteffekt). Hier hilft nur strenge Disziplin. Belohnen Sie sich stattdessen nach erfolgter Lerntätigkeit mit einer Fernsehstunde.
- Ehrenämter, z. B. in Vereinen: Ihre Kameraden werden es verstehen, wenn Sie sich für die Dauer des Studiums eine Auszeit nehmen.
- „Après-Sport". Auf Ihren sportlichen Ausgleich sollten Sie auch während des Studiums nicht verzichten. Das Bierchen danach mit Ihren Sportkameraden kann dagegen gut reduziert werden. Um die sozialen Kontakte nicht ganz zu verlieren, können Sie z. B. 1 x im Monat oder im 2-wöchigen Wechsel daran teilnehmen.
- Telefonate: Insbesondere private Telefonate lassen sich meistens auch kürzer halten. Bitten Sie Ihre Familie, während der Lernzeiten die Informationen zu notieren oder schalten Sie den Anrufbeantworter ein.
- E-Mail: Arbeiten Sie am PC, ist im Hintergrund meistens das E-Mail-Programm aktiv. Neu eintreffende Mails werden optisch und evtl. auch akustisch angekündigt und die Versuchung ist groß, sofort nachzuschauen und bei Bedarf die Mails zu beantworten. Schließen Sie deshalb Ihr E-Mail-Programm und beantworten Sie die E-Mails (z. B. nach der Lerntätigkeit) im Block.
- Sie können nicht Nein sagen: Dies ist ein Problem, mit welchem viele Menschen kämpfen, weil sie befürchten, dadurch weniger wertgeschätzt zu werden. Wenn Sie aber Ihre Ablehnung begründen, wird diese sicherlich akzeptiert. Diese Verhaltensweise ist zu Beginn für

Notizen

alle Beteiligten gewöhnungsbedürftig. Geben Sie also nicht gleich wieder auf, wenn Sie das Gefühl haben, dass Ihnen Nein-Sagen unangenehm ist.

Wenn Sie diese und Ihre ganz persönlichen Zeitdiebe identifiziert haben, können Sie daraus direkt Maßnahmen ableiten. Evtl. kommen Sie schneller zum Ziel, wenn Sie nicht alles auf einmal angehen, sondern die Maßnahmen Schritt für Schritt konsequent umsetzen.

5.3.8 Ordnung am Arbeitsplatz

Ungefähr 80 bis 90 % eines berufsintegrierten Studiums wird am privaten Arbeitsplatz absolviert. Daher lohnt es sich, Ihren Arbeitsplatz zu optimieren. Nachfolgende Aspekte lassen sich unverändert auch in ihrem beruflichen Arbeitsumfeld anwenden.
Durch Ordnung und Struktur können Sie an Ihrem Arbeitsplatz viel Zeit sparen. Eine kleine Rechnung: Wenn Sie jeden Tag nur 3 Minuten damit verbringen, etwas zu suchen, sind das in der Woche 21 Minuten im Monat ca. 90 Minuten und im Jahr ca. 18 Stunden. Eine Zeit, die Sie sicherlich sinnvoller einsetzen können als mit Suchen. Nicht nur um Suchvorgänge zu reduzieren, sondern um generell die Arbeitseffektivität zu erhöhen – ob im Büro oder im heimischen Arbeitszimmer – gibt es zahlreiche Empfehlungen (s. u.). Da Sie vermutlich bereits mit bestimmten Ordnungssystemen arbeiten, sollen folgende Ratschläge Ihnen dabei helfen, diese zu verbessern oder zu ergänzen. Auch hier müssen Sie – in Bezug auf Inhalt und Ausmaß – den für Sie geeigneten Weg finden.

- Halten Sie Ihren Schreibtisch so leer wie möglich (vom Hochstapler zum Tiefstapler). Auf den Schreibtisch gehören nur Unterlagen, mit denen Sie im Moment arbeiten, von jedem Schreibutensil nur eine Ausfertigung, sonstige Büroutensilien, die Sie mehrfach am Tag nutzen (Locher etc.)
- Unterlagen (Ordner etc.), die Sie regelmäßig nutzen aber nicht ständig, sollten zumindest griffbereit in Ihrer Nähe sein (z. B. in einem Sideboard neben Ihrem Schreibtisch).
- Arbeiten Sie mit Farben, z. B. nutzen Sie eine bestimmte Farbe für Ihre Studienmaterialien, andere Farben für Ihre privaten oder beruflichen Unterlagen.
- Sofern Sie mit vielen losen Unterlagen arbeiten, die Sie noch nicht einordnen möchten, da Sie diese im Moment ständig benötigen, sind

Notizen

Mappen (z. B. Eckspanner) sehr praktisch. Auch diese gibt es in unterschiedlichen Farben.

- Für Unterlagen, die sich nicht für Ordner eignen, können Hängeregister eingesetzt werden.
- Schaffen Sie Ordnung in Ihren Schränken und Regalen, indem Sie z. B. Ihre Bücher nach bestimmten Themen sortieren.
- Beschriften Sie Ihre Ordner sobald Sie im Einsatz sind. Für das Auge angenehm und für das Suchen von Vorteil ist es, wenn alle Ordner nach dem gleichen System und in gedruckter Form beschriftet werden. Es empfiehlt sich Ordner mit Einsteck-Rücken zu verwenden und im PC Vorlagen für die jeweiligen Breiten zu erstellen. So haben Sie das Rückenschild schnell erstellt und können es jederzeit austauschen oder anpassen.
- Viel Zeit können Sie sparen, wenn Sie im Ordner selbst Ordnung schaffen. Das erste Blatt ist das Inhaltsverzeichnis. Legen Sie hierfür im PC eine Vorlage an, dann können Sie das Register ordentlich beschriften, bei Änderungen im Ordnerinhalt leicht ändern und Sie können unterschiedliche Farben benutzen. Verpackt in eine Klarsichtfolie bleibt es auch lange ordentlich.
- Die Ordnerinhalte lassen sich durch Register abtrennen. Noch flexibler sind nummerierte Trennblätter. Diese Blätter lassen sich entsprechend zuschneiden oder sind vorperforiert. Innerhalb der Trennblätter kann der Inhalt noch durch Trennkarten (Kartonstreifen) sortiert werden. Die Trennkarten sind ebenfalls in unterschiedlichen Farben erhältlich und können am Drucker beschriftet werden (Vorlage abspeichern).

Grundsätzlich sollte der Arbeitsplatz gewisse Anforderungen erfüllen. Dazu gehören eine gute Beleuchtung, angenehme Temperatur, regelmäßige Frischluftzufuhr, ergonomische Anordnung der Büromöbel und ausreichend Platz für Ihre Lernutensilien. Außerdem sollten Sie schnell auf einen PC mit Internetzugang zugreifen können. Ein Notebook ist in der Anschaffung zwar geringfügig teurer aber Sie werden die Vorteile schnell schätzen lernen. So sind Sie nicht darauf angewiesen, immer an einem bestimmten Platz zu lernen, sondern können sich bei Bedarf auch andere Räumlichkeiten suchen (z. B. die sommerliche Terrasse). Weiterhin können Sie das Gerät bei Bedarf in Ihren Lerngruppen oder Präsenztagen einsetzen.
Sie werden bei der Anwendung dieser Tipps, die natürlich auch an Ihre individuellen Bedingungen angepasst werden sollten, schnell eine positive Wirkung feststellen. Eine ordentliche und strukturierte Arbeits- oder Lernatmo-

Notizen

sphäre erhöht die Motivation, reduziert Suchzeiten und ist eine Wohltat für Ihre Augen. Wenn Sie während des Lernens eine Ablenkung benötigen, warum nicht sinnvoll nutzen und die Aufräumaktion starten.

Aber nicht nur im Büro, sondern auch im PC ist Ordnung ein wichtiges Zeitsparelement. Wir alle haben eine gewisse Tendenz als Sammler und Jäger und das Internet macht uns das ziemlich einfach. Eine klar strukturierte Ordnerstruktur hilft Ihnen dabei die Unterlagen wieder zu finden. Nehmen Sie sich zwischendurch einmal ein paar Stunden Zeit und legen Sie eine logische Ordnerstruktur an. Im Anschluss sind die Dateien in die entsprechende Ordner zu verschieben. Diese Zeitinvestition wird sich auf jeden Fall lohnen. In regelmäßigen Zeiten ist Ausmisten angesagt. Häufig werden Dateien geändert und unter einem neuen Datum abgespeichert, die alten, nicht mehr benötigten Dateien werden aber nicht gelöscht. Vielleicht braucht man sie ja doch irgendwann? Unwahrscheinlich – aber wenn Sie sich nicht ganz sicher sind, kann z. B. für jeden Ordner ein „Archiv“ angelegt werden, in welchen alle „sehr wahrscheinlich nicht mehr benötige Dateien“ abgelegt werden.

Notizen

5.4 Zusammenfassung

Eine besondere Herausforderung im berufsintegrierten Studium stellt der Umgang mit der begrenzten Ressource Zeit dar. Die hier vorgestellten Zeit- bzw. Selbstmanagementmethoden sollen Ihnen behilflich sein, diese Herausforderung zu meistern.

Kurt Nagel hat in seinem Handbuch Praktische Unternehmensführung die zehn wichtigsten Gebote des Zeitmanagement dargestellt, die auch den Inhalt dieses Kapitels zusammenfassen:

1. Klare Grundsätze und Ziele
2. Positive Grundhaltung
3. Motivation aller Beteiligten
4. Planen und Priorisieren der Aktivitäten (z. B. mit der ABC-Analyse, Alpen-Methode, Eisenhower-Prinzip, Zeitplanbuch)
5. Zielstrebiges konzentriertes Arbeiten (z. B. Beachtung der Leistungs- und Störkurve, Einsatz von Organisationsmittel, Einführung einer stillen Stunde)
6. Rationelles Telefonieren (z. B. Vorbereitung der Gespräche, Arbeiten mit Telefonblöcken, Konzentration auf den Gesprächsgegenstand)
7. Nein-sagen (z. B. durch klare und sachliche Begründungen, Delegation)
8. Effizienz in Meetings/Konferenzen (z. B. Spielregeln festlegen, Ziele definieren, Zeitrahmen vorgeben, Methodeneinsatz)
9. Störungen vermeiden (z. B. Regeln mit den Beteiligten besprechen, Management by Objektives)
10. Ordnung (z. B. Ablagesystem, verstärkte Nutzung der digitalen Ablage, Papierkorb verstärkt einsetzen).[77]

Wenn Sie die Empfehlungen dieses Kapitels an Ihre individuellen Anforderungen und Präferenzen anpassen und regelmäßig nutzen, werden Sie schon bald merken, dass die einzelnen Maßnahmen ganz automatisch ablaufen. Da der Großteil der hier aufgeführten Regeln und Empfehlungen allgemein und nicht nur im Studium nutzbar sind, werden Sie auch nach dem Studium noch stark davon profitieren. Sehen Sie das Studium deshalb auch als „Spielwiese" an, um Methoden und Instrumente auszuprobieren. Auf diese Weise eignen Sie sich auf relativ entspannte Weise einen prall gefüllten Methodenkoffer an.

[77] Vgl. Nagel, K.: Praktische Unternehmensführung Bd. 2, München 2004, VII Selbstmanagement, Zeitmanagement S. 3.

Notizen

Kontrollfragen: Check und Transfer

Kapitel 1: Einführung in das wissenschaftliche Arbeiten
Wissens-Check

1. Erläutern Sie den Unterschied zwischen dem Erkenntnisobjekt und dem Erfahrungsobjekt einer Wissenschaft und nennen Sie jeweils ein Beispiel?
2. Erläutern Sie den Unterschied zwischen einem induktiven und einem deduktiven Ansatz einer wissenschaftlichen Arbeit.
3. Wie kann eine Hypothese von der reinen Spekulation abgrenzt werden?

Wissens-Transfer

1. Nennen Sie Beispiele für Analysen, die Sie in Ihrem Unternehmen durchführen können.
2. Die Entwicklungsabteilung Ihres Unternehmens führt regelmäßig Experimente durch. Welche Zielsetzung ist damit verbunden?
3. Erläutern Sie an einem Beispiel aus Ihrem Unternehmen den pragmatischen Ansatz der Problemlösung.

Kapitel 2: Lernpsychologie
Wissens-Check

1. Erläutern Sie kurz die 4 Phasen des Lernprozesses.
2. Warum sollten im Lernprozess möglichst beide Gehirnhälften zusammenarbeiten?
3. Wie werden die Informationen im Ultrakurzzeit-, Kurzzeit- und Langzeitgedächtnis gespeichert?
4. Wodurch unterscheiden sich die intrinsische und extrinsische Motivation?

Wissens-Transfer:

1. Sie planen eine Reise. Welche Aufgaben übernehmen dabei Ihre rechte und linke Gehirnhälfte?
2. Welchem Lerntypen gehören Sie an, und welche Konsequenzen hat das für Ihr Lernen?
3. Wie können Sie Ihre berufliche Tätigkeit nutzen, um die Lerneffektivität zu erhöhen?

Notizen

4. Im Laufe Ihres Studiums kommen Sie immer wieder in die Situation, dass Sie aufgrund beruflicher Belastung wenig Zeit fürs Lernen finden. Wie können Sie solche Situationen verhindern und welche Maßnahmen können dazu beitragen, dass Sie dennoch ein möglichst gutes Lernergebnis erzielen?

Kapitel 3: Prüfungsbewältigung
Wissens-Check

1. Welche Vorteile hat die Erstellung eines Prüfungsvorbereitungsplans?
2. Auf welche Wörter sollten Sie bei Klausurfragen achten?

Wissens-Transfer:

1. Sie befinden sich in der Situation einer mündlichen Prüfung und bekommen eine Frage gestellt. Sie wissen, dass Sie die Antwort eigentlich kennen aber in der Aufregung fällt sie Ihnen nicht ein. Wie können Sie diese Situation bewältigen?
2. Sie haben in einer Klausur einen komplexen Fall zu lösen. Es wird eine Problemsituation geschildert. Die Aufgabe besteht in der Erarbeitung einer Lösung. Wie können Sie Ihre Lösung gliedern?

Kapitel 4: Anfertigung von wissenschaftlichen Arbeiten
Wissens-Check

1. Sie müssen in Ihrem Studium eine wissenschaftliche Arbeit zu einem bestimmten Thema schreiben. Wie können Sie das Internet dazu nutzen?
2. Welche Teile enthält eine wissenschaftliche Arbeit (bitte in der richtigen Reihenfolge angeben) und welche Art von Seitennummerierung (keine, römisch, arabisch) wählen Sie?
3. Was müssen Sie bei der Erstellung einer wissenschaftlichen Arbeit in Bezug auf die Verwendung fremder Quellen beachten?
4. Worin unterscheiden sich Primär- und Sekundärforschung? Nennen Sie jeweils zwei Vor- und Nachteile dieser Methoden.

Wissens-Transfer:

1. Sie schreiben eine Arbeit zum Thema „Einführung eines Risikomanagement-Systems" in Ihrem Unternehmen. Wie könnten Sie zu diesem Thema die Einleitung aufbauen?

Notizen

2. Wie können folgende Ansätze zum Aufbau des Hauptteils bei dem o. g. Thema gestaltet werden: Induktiver und deduktiver Ansatz, Hypothesen-Ansatz, funktionenorientierter Ansatz, entscheidungsorientierter Ansatz.
3. Wie kann zu o. g. Thema der Schlussteil aufgebaut werden?
4. Sie führen im Rahmen einer Bachelor-Thesis für Ihr Unternehmen eine Kundenzufriedenheitsanalyse in Form einer schriftlichen Befragung durch. Welche Maßnahmen können Sie ergreifen, um die Rücklaufquote zu erhöhen?

Kapitel 5: Selbstmanagement im Studienprozess
Wissens-Check

1. Ziele übernehmen im Selbstmanagementprozess eine wichtige Rolle. Welche Funktion haben diese Ziele?
2. Im Zeitmanagement werden die anstehenden Aufgaben nach A, B, C und D kategorisiert. Erläutern Sie kurz diese Kategorien.
3. Was wird unter dem so genannten „Sägeblatteffekt“ verstanden?

Wissens-Transfer:

1. Sie haben sich ein bestimmtes Lernziel gesetzt. Formulieren Sie dies nach der SMART-Regel.
2. Sie haben sich vorgenommen, an Ihrem Arbeitsplatz täglich eine „stille Stunde“ einzuführen. Welche Maßnahmen können Sie ergreifen, um die Erfolgsaussichten dieses Vorhabens zu erhöhen?

Lösungshinweise zu den Kontrollfragen

Notizen

Kapitel 1: Einführung in das wissenschaftliche Arbeiten
Wissens-Check:

1. Erkenntnisobjekt: Abgegrenzter Gegenstandsbereich eines Wissenschaftsbereichs. Beispiel: Medizinwissenschaft
   Erfahrungsobjekt: Bereich aus dem eine Wissenschaft ihre Erkenntnisse bezieht. Beispiel: Die Medizin bezieht ihre Erfahrungen aus der Untersuchung des menschlichen Körpers.
2. Bei einem **induktiven** Ansatz schließen Sie von einem beobachten Einzelfall, z. B. einer bestimmten Situation in Ihrem Unternehmen auf eine allgemeine Gesetzmäßigkeit. d. h. Sie gehen davon aus, dass die in Ihrem Unternehmen beobachte Situation auch in anderen Unternehmen so gegeben ist. Beim **deduktiven** Ansatz wird von einem allgemeinen Gesetz auf einen Einzelfall geschlossen. Diesen Ansatz wählen Sie, wenn Sie z. B. eine in Ihrem Studium erlernte Theorie auf eine bestimmte Situation oder einen konkreten Fall anwenden.
3. Die Hypothese (Unterstellung) darf nicht auf reiner Willkür beruhen, sondern es müssen bereits bestimmte Theorien und bekannte Tatbestände vorliegen.

Wissens-Transfer:

1. Unternehmensanalysen: Bilanzanalyse, Strategieanalysen, Ablauf- bzw. Prozessanalysen, Organisationsanalysen, Kundenanalysen, Lieferantenanalysen etc.
2. Allgemein sollen Experimente aufgetretene Probleme untersuchen, Behauptungen begründen/widerlegen, Hypothesen bestätigen, die Wirksamkeit von Gesetzen überprüfen bzw. deren Gültigkeit erhärten.
3. a) Problem definieren, d. h. Ausgangspunkt festlegen, z. B. ein Großkunde ist kurzfristig abgesprungen. Das unerwünschte Resultat ist ein starker Umsatzrückgang. Das gewünschte Ergebnis ist die Rückgewinnung des Großkunden.
   b) Problemanalyse, d. h. es wird untersucht, warum der Großkunde abgesprungen ist.
   c) Erarbeitung von möglichen Lösungsansätzen und Auswahl der besten Alternative z. B. unter Abwägung finanzieller Auswirkungen.

Notizen

Kapitel 2: Lernpsychologie
Wissens-Check:

1. **Vorbereitungsphase:** Es werden Maßnahmen getroffen, die die Aufmerksamkeit, Konzentration und Wahrnehmung steigern sollen, z. B. Schaffung einer angenehmen Lernatmosphäre.
   Aneignungsphase: Der Lerninhalt wird bewusst aufgenommen, z. B. durch das Lesen des TDR.
   Speicherungsphase: Das Gelernte wird in das Gedächtnis eingespeichert, z. B. durch mehrfache Wiederholung des Lernstoffs.
   Erinnerungsphase: Das Gelernte wird zu einem konkreten Anlass, z. B. Anwendung im Unternehmen, wieder abgerufen.
2. Wenn beide Gehirnhälften optimal zusammenarbeiten, d. h. wenn sowohl die linke Gehirnhälfte, die hauptsächlich Text, Zahlen und Daten verarbeitet, als auch die rechte Gehirnhälfte, die dagegen Bilder verarbeitet, im Lernprozess aktiviert sind, wird der Lernprozess effektiv gestaltet und das Lernergebnis wird entsprechend hoch sein.
3. Die Informationen gelangen zuerst in das **Ultrakurzzeitgedächtnis**. Damit sie dort nicht wieder verloren gehen, müssen sie innerhalb von etwa zwanzig Sekunden bewusst abgerufen bzw. wahrgenommen werden. Wenn diese Aufmerksamkeit nicht vorhanden ist bzw. sich diese Informationen nicht an bereits bekannte Gedankenverbindungen anknüpfen lassen, dann gehen die Wahrnehmungen wieder verloren. Die zweite Gedächtnisstufe ist das **Kurzzeitgedächtnis**. Informationen werden hier ca. 20 Minuten gespeichert. Danach gelangen Sie in das **Langzeitgedächtnis** oder sie gehen komplett verloren. Eine im Langzeitgedächtnis gespeicherte Information kann ein ganzes Leben lang erhalten bleiben.
4. **Intrinsische Motivation:** geht vom Inneren eines Menschen aus, z. B. Neigung, Interesse, Talente, Freude an der Sache, Reiz des Unbekannten etc., d. h. diese Faktoren entsprechen den Interessen der Person. Es zählt nicht nur das Lernergebnis, sondern bereits der Lernvorgang verschafft bereits eine hohe Zufriedenheit.
   Extrinsische Motivation: entstammt aus dem sozialen Umfeld einer Person. Die Beweggründe sind dabei an bestimmte Zwecke gebunden, d. h. hier ist vor allem das Ergebnis von Bedeutung um ein anderes Ziel zu erreichen, z. B. Lernen um gute Noten zu bekommen und damit auch eine gut bezahlte Stellung zu erhalten.

Wissens-Transfer:

1. **Linke Gehirnhälfte:** Sie kalkulieren die Reise durch (z. B. welches Budget können Sie wie verwenden), Sie planen die Reiseroute, Sie analysieren verschiedene Übernachtungsmöglichkeiten.
   Rechte Gehirnhälfte: Sie wählen ein Ziel, von dem Sie schon immer geträumt haben, Sie stellen sich die Reise bereits bildlich vor.
2. **Auditive Lerntypen:** Aufnahme der Informationen über das Gehör, z. B. durch den Besuch der Präsenzveranstaltungen oder durch das Hören von Lern-CDs.
   Visuelle Lerntypen: Aufnahme der Informationen über Bilder oder bildhafte Assoziationen. Bevorzugung von Lernmaterial, das anschaulich gestaltet ist und viele Bilder, Graphiken etc. enthält. Es kann auch sinnvoll sein, sich selbst den Lernstoff in Form von Abbildungen/Graphiken zusammen zufassen.
   Handlungsorientierte Lerntypen: Diese Lerntypen sollten versuchen, den Lernstoff so schnell wie möglich anzuwenden bzw. sich den Stoff in Lerngruppen und durch Fallbeispiele zu erarbeiten.
3. Mit dem Wissen und den Erfahrungen aus Ihrem Beruf haben Sie die Möglichkeit, sich aktiv mit dem Lernstoff auseinanderzusetzen. Sie können sich im Rahmen der SQ3R-Lesemethode vor dem Lesen entsprechende Fragen stellen, z. B. inwiefern Sie mit dem speziellen Thema bereits in Ihrem Unternehmen konfrontiert wurden und was Sie schon über das Thema wissen. Nach dem Lesen können Sie versuchen, den Inhalt sofort auf Ihre beruflichen Aufgaben bzw. das Unternehmen anzuwenden. Auf diesem Wege schaffen Sie einen Bezug bzw. eine Verknüpfung von altem und neuem Wissen, was die Gedächtnisleistung nachhaltig fördert.

Beispiel: Sie lesen im TDR Organisation das Thema Aufbauorganisation durch. Vorab können Sie überlegen, wie Ihr Unternehmen aufgebaut ist und wie das Organigramm aussieht. Weiterhin können Sie bereits selbst über Alternativen der Aufbauorganisation ihres Unternehmens nachdenken. Nach der Lektüre, können Sie analysieren, ob die in Ihrem Unternehmen vorgefundene Situation den Anforderungen entspricht oder ob Sie nun mit Ihren neuen Kenntnissen zu der Auffassung kommen, dass es durchaus noch Verbesserungsmaßnahmen gibt. Begründen Sie ggf. diese Schlussfolgerungen.

Notizen

4. a) Planen Sie Ihre Lernzeiten, insbesondere auch vor Klausuren langfristig und setzen Sie sich dafür Termine in Ihrem Kalender. Auf diese Weise vermeiden Sie, dass unwichtige Dinge Ihre wertvolle Zeit zum Lernen blockieren.
   b) Besprechen Sie mit Ihrem Vorgesetzten die Situation, denn er kann Ihnen nur behilflich sein, wenn er Ihre Konfliktsituation kennt. Zeigen Sie den Nutzen des Prüfungsstoffes für Ihr Unternehmen auf.
   c) Legen Sie für Ihr Umfeld frühzeitig Regeln fest, indem Sie z. B. auch Kollegen bitten, vorübergehend gewisse Einschränkungen zu respektieren. Aber auch mit dem privaten Umfeld, z. B. der Familie ist es wichtig, konkrete Regeln festzulegen, z. B. feste Termine für das Lernen, zu denen Sie ungestört arbeiten können.
   d) Eignen Sie sich Lernmethoden an, die die Lerneffektivität und Gedächtnisleistung steigern, so dass Sie Ihre wenige Zeit optimal nutzen können.
   e) Setzen Sie sich Prioritäten und legen Sie fest, welchen Lernstoff Sie zwingend bis zu welchem Termin bearbeitet haben müssen (schriftliche Planung).

Kapitel 3: Prüfungsbewältigung
Wissens-Check:

1. Vorteile Prüfungsvorbereitungsplan:
   Der meist erst große Berg an Prüfungsstoff wird in kleine Einheiten auf geteilt und der Einstieg wird hierdurch erleichtert.
   Es kann sichergestellt werden, sofern der Plan realistisch ist und eingehalten wird, dass der Prüfungsstoff auch komplett bearbeitet wird.
   Die Aufteilung in kleine realistische Zeiteinheiten für das jeweils festgelegte Lernpensum zeigt auf, ob die vorgesehene Vorbereitungszeit ausreicht oder ob noch Anpassungen notwendig sind.
   Die Einhaltung des Planes stellt sicher, dass auch ungeliebte Lernthemen den entsprechenden Zeitbedarf eingeräumt bekommen. Der Plan erleichtert die Abstimmung mit den beruflichen und privaten Terminen.
2. Schlüsselwörter bei Klausurfragen:
   „Nennen Sie…“: die Begriffe müssen nur genannt, aber nicht näher ausgeführt werden.
   „Erläutern Sie…“: die Frage muss ausführlich beantwortet werden.
   „Erläutern Sie stichwortartig…“: es müssen keine ausformulierten Sätze geschrieben werden.

Notizen

„Beantworten Sie die Frage stichwortartig“: die Antwort kann auf Stichworte reduziert werden, die das Wesentliche der Antwort erfassen, z. B. bei der Aufzählung von Vor- und Nachteilen eine Sachgegenstands.

Wissens-Transfer:

1. Bewältigung Situation Verteidigung/Abschlussprüfung

   Atmen Sie tief durch und bitten Sie den Prüfer um eine kurze Bedenkzeit, um die Antwort zu strukturieren oder gewinnen Sie Zeit, indem Sie die Frage wiederholen und danach fragen, ob Sie diese richtig verstanden haben.

   Bitten Sie den Prüfer, die Frage zu konkretisieren oder einen kleinen Anhaltspunkt zu geben.

   Wenn Sie sicher sind, dass Sie die Frage nicht beantworten können, sagen Sie dies offen, damit Sie genügend Zeit haben für weitere Fragen.
2. Beispiel für eine Gliederung einer Fallklausur:
   1. Kurze Zusammenfassung der Ist- bzw. Problemsituation
   2. Problemanalyse: Wodurch entstand die Problemsituation
   3. Erarbeitung von Lösungsalternativen
   4. Auswahl der besten Lösungsmöglichkeit
   5. Weiteres Vorgehen/Zusammenfassung

Kapitel 4: Anfertigung wissenschaftlicher Arbeiten

Wissens-Check:

1. Nutzung des Internet für die Erstellung wissenschaftlicher Arbeiten:

- Recherche nach Büchern über Bücherversanddienste oder Online-Kataloge von Bibliotheken
- Recherche über aktuelle Daten und Materialien, z. B. über Suchmaschinen oder konkrete Suche bei Unternehmen oder Institutionen (z. B. statistische Ämter)
- Recherche nach themenspezifischen Aufsatzartikeln z. B. bei www.mwonline.de oder www.subito-doc.de
- Recherche in Online-Enzyklopädien zur Klärung und Abgrenzung von Begriffen.
- Recherche über Suchmaschinen, z. B. um die Bandbreite eines Themas zu erfassen.

Notizen

2. Teil einer wissenschaftlichen Arbeit/Seitennummerierung

1. Titelblatt – keine Seitennummerierung
2. Eigenständigkeitserklärung – römische Seitennummerierung
3. Vorwort (nicht zwingend) – römische Seitennummerierung
4. Inhaltsverzeichnis – römische Seitennummerierung
5. Abkürzungsverzeichnis – römische Seitennummerierung
6. Abbildungsverzeichnis (sofern Abbildungen vorhanden) – römische Seitennummerierung
7. Tabellenverzeichnis (sofern Tabellen vorhanden) – römische Seitennummerierung
8. Text (Einleitung, Hauptteil, Schluss) – arabische Seitennummerierung
9. Quellenverzeichnis – arabische Seitennummerierung.
10. Anlagen (sofern notwendig) – arabische Seitennummerierung

3. Verwendung fremder Quellen:

1. Fremde Quellen müssen durch Zitate gekennzeichnet werden, auch wenn es sich nur um sinngemäß übernommene Textstellen handelt.
2. Die Zitate bzw. die im Quellenverzeichnis aufgeführten Quellen müssen alle notwendigen bibliographischen Informationen enthalten. Der Leser muss in der Lage sein, die Quelle auf Basis dieser Informationen zu beschaffen.
3. Nicht veröffentliche Quellen sollten nur in Absprache mit dem Betreuer verwendet werden.
4. Es können auch Kurzzitate verwendet werden, diese müssen dem Grundsatz der Eindeutigkeit entsprechen, d. h. die diesem Zitat zugeordnete Quelle im Quellenverzeichnis muss eindeutig zuzuordnen sein.

4. **Bei der Primärforschung** werden direkte Informationen über Meinungen, Motive oder Verhaltensweisen von bestimmten Personen eingeholt, z. B. in Form von Befragungen (schriftlich, mündlich, telefonisch), Beobachtung oder Experimenten. Vorteile: die Daten entsprechen genau dem Untersuchungszweck und sie sind aktuell. Die Qualität der Datenerhebung ist bekannt. Nachteil: zeit- und kostenintensiv.

Bei der Sekundärforschung werden bereits vorhandene und für andere Zwecke erstellte Dokumente systematisch gesammelt und ausgewertet. Vorteile: Die Daten sind meist schnell verfügbar und kostengünstig zu beschaffen. Nachteile: Es ist meist nicht überprüfbar wie die Daten erhoben wurden und sie entsprechen selten genau der Fragestellung.

Notizen

Wissens-Transfer

1. Beispiel Thema Risikomanagement – Einleitung

- Definition der Begriffe Risiko und Risikomanagement
- Aktueller Bezug: Einführung des KonTraG (Gesetz zur Kontrolle und Transparenz im Unternehmensbereich)
- Problemstellung und Zielsetzung (warum ist die Einführung eines Risikomanagementsystems in Ihrem Unternehmen von Bedeutung und welche Ziele will das Unternehmen damit erreichen?)
- kurze Übersicht über den Aufbau der Arbeit.

2. Beispiel Thema Risikomanagement – Hauptteil:

- **Induktiver (reduktiver) Ansatz:** Die Erfahrungen des Unternehmens in Bezug auf die Einführung des Risikomanagementsystems werden dargestellt und analysiert. Aus diesen Erfahrungen werden allgemeingültige Aussagen abgeleitet, die plausibel und wissenschaftlich belegbar sein müssen.
- **Deduktiver Ansatz:** Allgemeingültige Erkenntnisse und Erfahrungen aus der Literatur und anderen Quellen werden auf die unternehmensspezifische Situation (Einführung Risikomanagementsystem angewendet). Es wird aufgezeigt, inwiefern eine Übertragbarkeit gegeben ist und in welchen Fällen eigene Konzepte und Lösungen notwendig sind (mit Begründung).
- **Hypothesen-Ansatz:** Es wird die These aufgestellt, dass sich durch die Einführung des Risikomanagementsystems das Unternehmensrisiko deutlich verringert. In den Ausführungen wird diese Behauptung bewiesen bzw. es werden auch die Grenzen aufgezeigt, d. h. es wird beschrieben in welchen Situationen (und warum) die Hypothese nicht zutrifft.
- **Funktionenorientierter Ansatz:** Es wird untersucht inwiefern das Risikomanagementsystem die Risiken in den einzelnen Abteilungen (Beschaffung, Produktion, Marketing, Vertrieb etc.) reduzieren bzw. vollständig vermeiden kann. Weiterhin werden die Grenzen des Systems in den einzelnen Bereichen aufgezeigt.
- **Entscheidungsorientierter Ansatz:** Der Weg bis zur endgültigen Einführung des Risikomanagementsystems wird aufgezeigt, z. B. welche Gründe lagen vor, ein Risikomanagementsystem einzuführen, Erstellung eines Anforderungsprofils für eine Software, Auswahl der Software, Installierung und erste Anwendungsschritte.

Notizen

3. Beispiel Risikomanagement – Schlussteil:
- **Fazit:** Welche Resultate sind mit der Einführung des Systems erreicht worden. Können die in der Problemstellung genannten Probleme mit dem System gelöst werden, welche Erwartungen sind eingetroffen bzw. nicht eingetroffen?
- **Ausblick:** welche weiteren Schritte sind im Unternehmen hinsichtlich des Risikomanagements geplant, wie wird sich allgemein der Bereich Risikomanagement bzw. der Softwarebereich entwickeln, wie wird sich der Verfasser in Zukunft weiter mit dem Thema befassen.
- **Zusammenfassung:** kurze Zusammenfassung aus den einzelnen Kapiteln.

4. Maßnahmen Erhöhung Rücklaufquote:
- Motivation der Befragten, z. B. durch Teilnahmemöglichkeit an einem Gewinnspiel oder Zusendung der Ergebnisse.
- Direkt an den Ansprechpartner adressieren.
- Fragebogen kurz halten
- Wenig Schreibaufwand, z. B. durch viele Ankreuzfragen
- Wissenschaftlichen Charakter ausweisen, z. B. durch ein Anschreiben auf Hochschul-Briefpapier bzw. Erläuterung, dass Sie die Befragung im Rahmen Ihres Studiums durchführen.
- Frankierten und adressierten Briefumschlag beilegen
- Gewährleistung der Anonymität.

Kapitel 5: Selbstmanagement im Studienprozess
Wissens-Check:

1. Funktionen Ziele:
- Ziele motivieren, denn ein Ziel ist ein erwünschter Zustand in der Zukunft. Um diesen Zustand möglichst schnell (bzw. termingerecht) zu erreichen, fällt es einem relativ leicht, die entsprechenden Maßnahmen umzusetzen.
- Ziele erleichtern es, bei der Planung der eigenen Arbeit Prioritäten zu setzen um ausreichend Zeit für die wichtigen Dinge zu haben.
- Ziele ermöglichen ein effektives Arbeiten
- Werden die Ziele erreicht, verschafft dies Erfolgserlebnisse.

2. Prioritäten im Zeitmanagement:

- **Priorität A:** wichtige und dringende Aufgaben: Diese Aufgaben müssen auf jeden Fall noch heute bearbeitet werden. Sie fördern die Erreichung Ihrer Ziele.
- **Priorität B:** Wichtige aber nicht dringende Aufgaben. Diese Aufgaben müssen nicht sofort erledigt aber auf jeden Fall zeitlich geplant werden.
- **Priorität C:** Unwichtige aber dringende Aufgaben. Diese Aufgaben müssen erledigt werden, kosten Zeit, bringen Sie Ihrem Ziel aber nicht wirklich näher. Für diese Aufgaben sollte nicht mehr Zeit als absolut notwendig verwendet werden.
- **Priorität D:** Unwichtige und nicht dringende Aufgaben. Für diese Aufgaben ist zu überlegen, ob sie tatsächlich erforderlich sind und unbedingt durch Sie selbst erledigt werden müssen.

3. Sägeblatteffekt:

Jede Unterbrechung, z. B. im Lernprozess stört die Konzentration und Sie benötigen nach jeder Störung wieder eine gewisse Zeit um zur ursprünglichen Leistungsfähigkeit zurück zu finden. Bei vielen Unterbrechungen geht somit die Leistungskurve entsprechend häufig nach unten und die kumulierte Zeit für die Rückkehr zur Ihrer Konzentration kann sehr hoch sein.

Wissens-Transfer:

1. Lernziel nach der SMART-Regel:

Beispiel „Ich habe bis zum 30. April 2007 den TDR Organisation komplett durchgearbeitet, incl. Bearbeitung der Fragen.
(Speziell = Nennung TDR incl. Fragenbearbeitung, messbar: Ziel ist erreicht, wenn die letzte Seite durchgearbeitet ist, attraktiv: mit dem Wissen der TDR kann ein gutes Prüfungsergebnis erreicht werden, realistisch: hängt vom Startzeitpunkt ab, terminiert: bis 30.April 2007).

2. Maßnahmen stille Stunde:

Informieren Sie Ihre Kollegen über die Zielsetzung und die konkreten Maßnahmen. Weiterhin ist es hilfreich, die stille Stunde täglich zur gleichen Zeit einzuplanen und im Kalender einzutragen, damit sich auch die Kollegen daran orientieren können. Die stille Stunde sollte zu einer Zeit mit hoher Leistungsfähigkeit durchgeführt werden. Stellen Sie während dieser Zeit das Telefon auf die Kollegen oder den Anrufbeantworter um und schließen Sie, sofern möglich, Ihre Bürotüre.

Notizen

Anlagenverzeichnis

Anlage 1: Muster Titelblatt Bachelor-Thesis

Notizen

Bachelor-Thesis

„Logo PK-Geber"
(sofern gewünscht/gestattet)

„Projekttitel"

„Thesis-Titel"

„Vorname Nachname"

„Logo Steinbeis Career Center"

Notizen

(2. Seite Titelblatt)

“BBA/MBX YYY
Jahrgang XXXX/200X”

“Projekt-Titel”

“Thesis-Titel”

Verfasser:
“Akad. Grad Vorname Nachname”

“Imma-Nummer“

Zeitraum der Projektarbeit:
“xx.xx.xxxx bis xx.xx.200x”

Betreuer 1:
“Akad. Grad Vorname Nachname, Firma/STI”

Betreuer 2:
“Akad. Grad Vorname Nachname, Firma/STI”

Anlage 2: Muster Eigenständigkeitserklärung

Notizen

Eigenständigkeitserklärung:

Ich habe die vorliegende Abschlussarbeit im Rahmen des Projekt-Kompetenz-Studiums XXXX/200X selbstständig verfasst und keine anderen als die angegebenen Quellen, Tools und Hilfsmittel benutzt.

„Ort", den „xx.xx.xxxx" „Vorname Nachname"

Notizen

Anlage 3: Checkliste Planbare Aufgaben

Checkliste Erfassung planbare und nichtplanbare Aufgaben		
Planbar Min.	**Unplanbar Min.**	**Aufgaben am** ______
		Gesamtminuten je Bereich
		% -Anteil

Anlage 4: Checkliste Zeitdiebe

Notizen

Checkliste	**Was sind Ihre Zeitdiebe?**		
Sehr	**Mittel**	**Nein**	**Kriterium**
❐	❐	❐	Ihr Schreibtisch läuft über.
❐	❐	❐	Ständig läutet das Telefon.
❐	❐	❐	Viele neue E-Mails müssen abgearbeitet werden.
❐	❐	❐	Mitgehörte Telefonate, Gespräche von Kollegen stören Ihre Konzentration.
❐	❐	❐	Es kommen häufig Zwischenfragen von Kollgen oder *"Kannst Du mir mal kurz ...".*
❐	❐	❐	Gesprächsbedürfnis von Kollegen.
❐	❐	❐	Sie müssen häufig warten (Drucker, Ladezeiten).
❐	❐	❐	Sie sind ständig am Suchen (Dateien, Dokumente, Vorgänge, E-Mail ...).
❐	❐	❐	Sie haben zu viele/zu lange Besprechungen.
❐	❐	❐	Sie können nicht „Nein" sagen.
❐	❐	❐	Es herrscht Unentschlossenheit über die nächsten Arbeitsschritte.
❐	❐	❐	Sie haben keine oder eine schlechte Planung (falsch, zu wenig, zu viel ...).
❐	❐	❐	Sie neigen zum Perfektionismus.
❐	❐	❐	Sie müssen notwendige Informationen mühsam beschaffen.
❐	❐	❐	Sie schätzen die Zeit für die Erfüllung der Aufgaben falsch ein.
❐	❐	❐	
❐	❐	❐	
❐	❐	❐	

Einschätzung:

Wieviel % Ihrer Arbeitszeit lassen Sie sich stehlen? ____________ %

Notizen

Quellenverzeichnis

Einzelwerke:

Baumeister, Hans-Peter:	Grundlagen des wissenschaftlichen Arbeitens, Lehrbrief Steinbeis-Transfer-Institut Management und Technologie, Stuttgart Filderstadt 2000
Bea, Franz Xaver Göbel, Elisabeth:	Organisation, 2. Aufl. Stuttgart 2002
Beck, Simon:	Skill-Management – Konzeption für die betriebliche Personalentwicklung, Wiesbaden 2005
Bischof Anita Bischof, Klaus:	Selbstmanagement effektiv und effizient, Planegg 1997
Bünting, Karl-Dieter; Bitterlich, Alex; Pospiech, Ulrike	Schreiben im Studium mit Erfolg – Ein Leitfaden, 3. Aufl., Berlin 2002
Eco, Umberto:	Wie man eine wissenschaftliche Arbeit schreibt (Come si fa una tesi di laurea, dt), übersetzt von Walter Schick, 7. Aufl., Heidelberg 1999
Franck, Norbert; Stary, Joachim:	Die Technik wissenschaftlichen Arbeitens, 11. Aufl., Paderborn 2003
Kastin, Klaus S.:	Marktforschung mit einfachen Mitteln, München 1995, S. 196 ff; Bosch, K: Statistik für Nichtstatistiker, 2. Aufl., München 1994
Knoblauch, Jörg.; Wöltje, Holger	Zeitmanagement, 2. Aufl., Planegg 2006
Köder, Kurt. W.:	Studienmethodik – Selbstmanagement für Studienanfänger, 2. Aufl., München 1994
Minto, Barbara:	Das Prinzip der Pyramide, München 2006

Notizen

Nagel, Kurt: Praktische Unternehmensführung, Bd. 2, München 2004, VII Selbstmanagement

Rossing, E.; Prätsch, J.: Wissenschaftliche Arbeiten, Hamburg 1988

Rost, Friedrich: Lern- und Arbeitstechniken für das Studium, 3. Aufl., Opladen 2003

Salcher, Ernst F.: Psychologische Marktforschung, Berlin, New York 1978

Schneck, Ottmar: Lexikon der Betriebswirtschaft, 4. Aufl., München 2003

Schuster, Martin: Für Prüfungen lernen – Strategien zur optimalen Prüfungsvorbereitung, Göttingen 2001

Seiwert, Lothar: Das neue 1 x 1 des Zeitmanagement, 5. Aufl., München 2006

Simon, Walter: Managementtechniken (GABALS großer Methodenkoffer), Offenbach 2005

Theisen, René: Wissenschaftliches Arbeiten, Technik – Methodik – Form, hrsg. von: Dichtl, Erwin; Issing, Otmar, 11. Aufl., München 2002

Weinert Franz E. u. a.: Pädagogische Psychologie 2, Frankfurt a. M., 1981

Beitrag aus Sammelwerk:

Thomae, Hans.: Die Bedeutung des Motivationsbegriffs, in: Thomae, H. (Hrsg.): Handbuch der Psychologie, Band 2: Allgemeine Psychologie, Göttingen 1965

Notizen

Internetquellen:

Fliegel, Steffen: Prüfungsangst, in:
http://www.arbeitsblaetter.stangltaller.at/EMOTION/Pruefungsangst.shtml, 10.08.2006

http://www.loehnmethode.de, 18.03.2007

http://www.projektmagazin.de/glossar/gl-0232.html, 27.08.2006

http://www.subito-doc.de, 27.12.2006

Sonstige Quellen:

Steinbeis-Hochschule Berlin:
Richtlinie zu Anfertigung von wissenschaftlichen Arbeiten (Studienarbeit, Bachelor-Thesis, Master-Thesis) im Rahmen des Projekt-Kompetenz-Studiums der Steinbeis-Hochschule Berlin (SHB), Berlin 30.08.2006

Vochezer, Renate:
Leitfaden für Wissenschaftliches Arbeiten und Referate, FH Nürtingen 1996